空中乘务专业理实一体化系列教材

形体礼仪（上）

主　编：李云飞　安四明　张　薇　刘鸿婷
副主编：唐　丽　邱　添　李思蒂　钱晓杨
　　　　李艳艳　李远萌　王　璟
参　编：庄晓红　张雯雯　张　麟

云南出版集团
云南人民出版社

图书在版编目（CIP）数据

形体礼仪. 上 / 李云飞等主编. —昆明：云南人民出版社，2017.8

空中乘务专业理实一体化系列教材 / 李云飞主编

ISBN 978-7-222-16458-1

Ⅰ. ①形… Ⅱ. ①李… Ⅲ. ①形体-礼仪-教材 Ⅳ. ①K891.26

中国版本图书馆 CIP 数据核字（2017）第 218528 号

出 品 人：赵石定
策划统筹：冯 琰
责任编辑：冯 琰
解彩群
责任校对：王 昱
装帧设计：唐敬乾
责任印制：陆卫华

形体礼仪（上）
XINGTI LIYI

主 编：李云飞 安四明 张 薇 刘鸿婷
副主编：唐 丽 邱 添 李思蒂 钱晓杨 李艳艳 李远萌 王 璟
参 编：庄晓红 张雯雯 张 麟

出 版 云南出版集团 云南人民出版社
发 行 云南人民出版社
社 址 昆明市环城西路 609 号
邮 编 650034
网 址 www.ynpph.com.cn
E-mail ynrms@sina.com
开 本 787mm×1092mm 1/16
印 张 14.25
字 数 260 千
版 次 2017 年 8 月第 1 版第 1 次印刷
印 刷 云南天彩印务包装有限公司
书 号 ISBN 978-7-222-16458-1
定 价 33.00 元

云南人民出版社微信公众号

如需购买图书、反馈意见，请与我社联系
总编室：0871-64109126 发行部：0871-64108507 审校部：0871-64164626 印制部：0871-64191534

前　　言

形体美一直是人们追求的目标。随着社会的发展，人们生活质量和健康意识的提高，形体礼仪训练备受重视。改善形态、美化姿态、提升气质是形体训练的主要内容。形体礼仪训练，旨在对练习者进行美育教育，塑造优美形体，培养高雅气质，是改变人体的原始自然状态或矫正不良身体形态的一种身心培育过程。

本教材由云南交通职业技术学院、北京广慧金通教育科技有限公司和云南艺术学院联合编写。编者中有从事专业教学的教师，也有常年任职于民航服务一线岗位的企业专家，他们结合多年的教学经验和岗位从业经验完成了本教材的编写任务，在此谨向所有参编人员、图片模特等表示衷心感谢。

本教材打破传统教材编写模式，结合项目教学要求，按4课时完成一个任务、15个任务完成一个项目教学的思路设计教材框架。每个任务设计了学习内容、技能训练和学习评价3个部分内容，教学内容丰富，教学设计合理，方便教师完成教学，是一本典型的理实一体化教材，对非艺术类专业学生完成形体礼仪的训练具有很强的推广使用价值。

由于编写经验和时间有限，不当之处，敬请批评指正。

编　者

2017年7月

目　　录

项目一　形体礼仪一阶段

任务一　形体美

★学习内容

美能让人感到愉悦、舒畅、振奋、和谐、轻松、满足等，每个人从不同角度看一件事，都会有不同的美。例如欣赏名画《蒙娜丽莎》，有人看到哀伤，有人看到快乐，不同视角、不同心境都会有不同的结论。这种多样性也是美。

学生活动：

1. 认识作品（讨论作者、创作背景、作品花絮等）。

2. 写出三点你对这幅作品的感觉。

一　认识形体美

形体包括体格、体型、姿态三个方面。形体美是一种综合的整体美，它既包含了人体外表形状、轮廓的美，又包含了人体在各种活动中表现出来的体态美，所以形体美是由健美体格、完美体型、优美姿态、良好气质融汇而成并充分展现出来的和谐的整体美。

形体美不美主要取决于身高与体重的比例是否协调。人的身高较多地受遗传影响，体重、胸围、腰围、臀围等则受后天的影响较大。塑造形体美可以根据自身条件，通过控制肌肉和脂肪这两个可变的因素，减脂，增肌，从而使身体协调、匀称。

形体美最基本的要求是健康，即体格健全，正常发育；其次是身体各部分的比例要匀称，和谐统一。

（一）现代形体美的标准可概括为以下几点

1. 骨骼发育正常，身体各部分之间比例适宜匀称。
2. 体态丰满而无肥胖臃肿感。
3. 双肩对称，无耸肩或垂肩之感。
4. 脊柱背视成直线，侧视具有正常的生理弯曲度。
5. 腰细、结实而有力，腹部扁平，臀部浑圆。
6. 腿部线条修长。
7. 两腿并拢没有间隙。
8. 整体看上去协调即可。

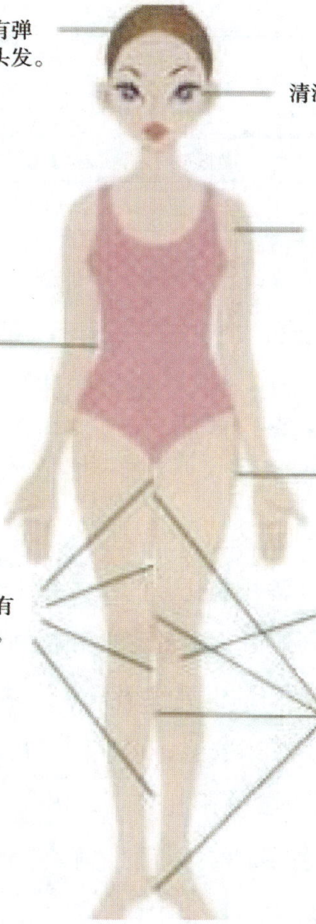

（二）BMI 计算公式

BMI 指数（Body Mass Index 的简称）是指身高体重指数，用高度、重量计算出是否正常、超重乃至肥胖。当我们需要比较及分析一个人的体重对于不同高度的人所带来的健康影响时，BMI 值是一个中立而可靠的指标。

计算公式：体质指数（BMI）＝体重（kg）÷身高^2（m）

例如：70kg÷（1.75×1.75）＝22.86

BMI 计算

	WHO 标准	亚洲标准	中国标准
偏瘦	<18.5		
正常	18.5－24.9	18.5－22.9	18.5－23.9
超重	≥25	≥23	≥24
偏胖	25.0～29.9	23～24.9	24～27.9

续 表

	WHO 标准	亚洲标准	中国标准
肥胖	30.0～34.9	25～29.9	≥28
重度肥胖	35.0～39.9	≥30	≥30
极重度肥胖	≥40.0		

注：WHO（World Health Organization）是指世界卫生组织。

最理想的体重指数是 22。

二　服务类从业人员应当具备的素质

（一）基本素质

每一位服务行业从业人员必须具备礼貌礼节的基本意识。良好的礼貌礼节不仅表示我们对客人的尊重和欢迎，也代表公司服务人员的素质和精神面貌。

1. 微笑——良好的职业道德，通用的世界性语言。

微笑能给那些孤独、疲倦的游客带来安慰；可使同事精力充沛，对公司是一种鼓舞。

2. 语言方面也有技巧，对待别人要使用礼貌语，语气温和亲切，不可讽刺顾客，要有一视同仁的态度。交际能力至关重要，语言特别是服务用语是完成各项工作、提供最佳服务的基本条件，是感情服务不可缺少的媒介。

（二）服务类人员的仪容仪表

1. 首先必须着装整洁、大方、面带笑容，有优先服务意识。服务类人员的举止是否文雅、规范，不仅反映其本人的性格、修养和文化素质，而且也反映一个企业的管理水平。

2. 举止包括：

（1）表情：无声的语言，合适的表情可给宾客带来亲切和温暖。

（2）站立姿势：面带笑容，不倚靠他物，要端庄。

（3）行走：有节奏，不能晃肩摇头，走路时要自然端庄，两人并行时不可勾肩搭背，行走时应靠右侧。

（4）手势是最有表现力的一种体态，运用于引导、指示。

（三）服务心理

揣摩顾客心理是一项很好的服务技能，可以通过以下方式营造一个舒适、恰当的沟通和服务氛围：

1. 了解顾客并说好第一句话；

2. 主动了解和积极影响客人；

3. 取得客人的尊重和信任；

4. 对所有顾客都必须热情、亲切、和蔼、讲文明礼貌。

（四）服务类从业人员面试的标准

对于服务类工作，在面试时考查的方面比起其他工作要多。首先礼仪风度方面，注重面试者的仪容、行为举止，包括走路、坐姿、站立等的仪态，这些需要平时的练习与不断的积累进步。除此之外，对于面试者的社交能力和人际关系的考查也是重要方面，通过问答的形式了解候选者的自我认识和交往能力，其次还会对应变能力进行考查，面对突发状况是否能快速、准确判断情况并解决。团队协作也属于考核范围，看重面试者是否能在团队中参与团队工作以及是否有个人奉献精神，能否在未来的团队工作中发挥个人的最大作用。

三　认识形体训练

广义上来说，只要是有形体动作的训练就可以叫作形体训练。例如在服务行业中，迎宾、送菜、礼仪姿势等，都可以称为形体训练。

这里学习的形体训练是以人体科学理论为基础，通过各种身体练习以增强体质、塑造体型、训练仪态、陶冶情操。形体训练是一个有目的、有计划、有组织的教育过程，和其他健身项目相比较，形体训练是一项比较优美、高雅的健身项目，其主要以芭蕾舞蹈基础进行练习，结合其他类型舞蹈进行综合训练，可塑造优美的体态仪态，培养高雅的气质，改正生活中一些不良姿势。

（一）基本姿态

人的基本姿态是指坐、立、行、卧。身体形态所显示的端庄、挺拔，给人的感觉是赏心悦目的美感，包括日常活动的全部。由于一个人的姿态具有较强的可塑性，也可具有一定的稳定性，通过一定的训练，可以改变诸多不良体态，如斜肩、含胸、松垮，行走时屈膝晃体、步伐拖沓等。

（二）基本素质

形体训练最重要的内容之一是形体的基本素质训练，在练习中可采用单人练习和双人配合练习两种形式。通过对人体的肩、胸、腰、腹、腿等部位进行训练，以提高人体的支撑能力和柔韧性，为塑造良好的人体形态、改善形体的控制力打下良好的基础。基本形体在训练时，应本着从简单到复杂的原则，同时也要注意自己和配合者的承受能力，不能超负荷，以防发生事故。

（三）形体训练的基本要求

1. 训练前必须做好准备活动；
2. 穿着有弹性的紧身服装或宽松的休闲服、体操鞋、舞蹈鞋或健身鞋；
3. 训练时不能佩戴饰物；
4. 训练要有计划、有步骤，循序渐进，要持之以恒；
5. 要保持训练场的整洁和通风透气。

（四）形体训练的特点

形体训练是以舞蹈作为训练基础，以提高学生专项身体素质为目的。不仅能培养学生正确的身体姿态、优美的体形、高雅的气质和鉴赏能力，还可以培养学生学习舞蹈的兴趣。通过各种走、跑、舞步、摆动、绕环、屈伸、旋转、跳跃及组合动作等的练习，掌握身体各部位协调运动的方法，培养学生优美的姿态，使肌肉得到均衡的发展。只有具备了以上内容的训练基础，才有可能使动作达到优美、舒展、协调。

（五）形体训练的原则

针对练习者的不同年龄、性别、身体基础、练习水平，制订出相应的练习方案，选择出相应的练习内容，使练习者在参与练习的过程中，既能对身体各部位产生有效的刺激，又不至于产生畏难情绪或是引起过度疲劳。例如对待有一定基础的青少年，应选择中高难度组的动作——以局部的练习为主，着重锻炼身体的各个部位，并将扶把、离把练习交叉进行。同时又要将一般要求与区别对待相结合，对同一水平的人的共同点提出一般要求，而对每个人的不同点加以区别对待，比如练习次数、时间、动作等。

进行形体练习必须持之以恒，使形体练习中各种有效的方法对人体各部位产生持久的影响，并逐渐形成一种“习惯”，使举手投足都体现出一种“行为美”。青少年进行形体练习，应有足够的时间保障，保证学生在校期间有足够的时间接受全面、系统的锻炼。这样不仅有助于学生在概念上正确理解形体姿态的规范要求，在实际操作上掌握形体练习的方法手段，更有助于生物节律的形成，使人体逐渐适应和有准备地参加练习，进一步提高练习效果。

（六）人体解剖生理特点

从解剖学看芭蕾形体训练的科学性：

骨盆是脊柱的基座，如果要改变弯腰驼背的姿势，就要减小骨盆的前倾。骨盆前倾与否，是由臀部肌群所决定的。臀大肌松弛的时候，由于重力原因，骨盆就前倾；它紧张的时候骨盆就被向后拉紧而直立，所以，矫正不良姿态的关键之一，是使臀部肌群紧张起来。

芭蕾形体训练可以达到这个目的。芭蕾形体训练明确要求双脚向外打开 180°，这样支撑面被缩减为一个长条，人体的稳定性就差了很多，为了保持自身平衡，下肢及臀部肌肉就不得不紧张起来，臀大肌的收缩使骨盆由前倾变为直立。

此外，芭蕾形体训练还在要领中特别强调主动收紧臀大肌：双腿向内侧夹紧，收股四头肌，收紧臀大肌。而且还有相应的监督检查措施：两腿间须难以插入手掌，臀部的两外侧肌肉要呈凹进状态。这些要领都是强调臀部肌群主动收缩，如果都能做到，那么臀部肌群的紧张已经到了相当的程度，骨盆和脊柱的直立是毋庸置疑的。

成人形体芭蕾，那些看似简单的训练动作，能让我们达到身材匀称的效果，长期坚持甚至能够培养内在的美感，同时能让精神面貌、气质也发生改变。

成人形体芭蕾是那种静静的体力消耗，虽然不会立马就汗流浃背，但却在这慢慢进入训练的过程中，体会到由内而外散发出来的韵律感，心情也进入物我两忘的境界，将芭蕾中天鹅般高雅、闲适的感觉带到日常生活中去，不仅驼背变得挺拔了，松懈的臀部也收紧了。

★技能训练

训练计划（时间：40 分钟）

序　号	训练内容	训练要求	训练时间	建议音乐	备　注
1	名画欣赏	独立完成	40 分钟	无	
2	图片分析				
3	沟通技巧				

1. 名画欣赏，谈谈你对教师所提供的画作有什么样的感受。
2. 根据教师所提供的图片，学生分析图片模特的形体美。
3. 假设你现在是一名服务人员，你将如何与顾客沟通？

★学习评价

学生形体礼仪训练评价表

班级：　　　　　　　　　　　　姓名：　　　　　　　　　　　　学号：

标　准	优	良	中	差	教师综合评价
考勤管理					
课堂纪律					
理论知识学习					
训练表现					
训练任务掌握程度					
课后训练					

注：教师可参照附表的评分标准为学生评定成绩，并在相应的成绩栏打“√”。

任务二 形体礼仪之舞蹈

★学习内容

一 力量训练

（一）胸前推举

辅助器材：哑铃。

身体站立，双腿分开与肩同宽，挺胸收腹，保持脊椎正直，眼睛平视前方，右手握哑铃，双手自然下垂，位于大腿两侧。

左手保持下垂姿势不动，右手手心向下，伸直手臂，握住哑铃，由身体正前方向上垂直拉起手臂，与面部形成45°夹角，保持动作3秒后，缓慢垂直落至大腿外侧。双臂分开练习。

（二）绕肩放松

身体站立，双腿并拢，挺胸收腹，保持脊椎正直，眼睛平视前方。肩膀打开，双臂向身体两侧展开抬平，并向头部方向曲肘，指尖轻触肩膀，保持呼吸平稳，手肘向前环绕4次，再向后环绕4次。

（三）负重耸肩

辅助器材：哑铃。

身体站立，双腿分开与肩同宽，挺胸收腹，保持脊椎正直，眼睛平视前方，双手握紧哑铃自然下垂。快速吸气耸肩，缓慢呼气沉肩。

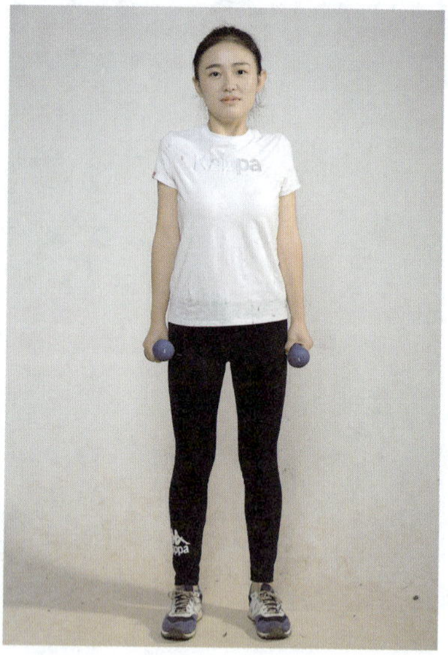

（四）跪式拉伸

身体跪撑于地面，膝盖与手掌分开与肩同宽，五指张开贴紧地面，头部保持与身体成一条直线。吸气双肩向上推起，呼气缓慢下沉。

二　芭蕾基础

（一）芭蕾形体简介

芭蕾最早起源于意大利，兴盛于16—19世纪的法国，鼎盛于19世纪末的俄罗斯，从20世纪的俄罗斯走向世界各地，法语译音为蹦蹦跳跳的意思。学生通过系统的、科学的练习增强腿部的肌肉能力，进一步训练双腿的开、绷、直、立以及身体、手和头的协调性，掌握好重心的稳定性，循序渐进地练习，养成良好的训练习惯，将会成为线条优美规范的人。

衣服着装要求：上身着修身黑色练功服，下身着黑色练功裤。

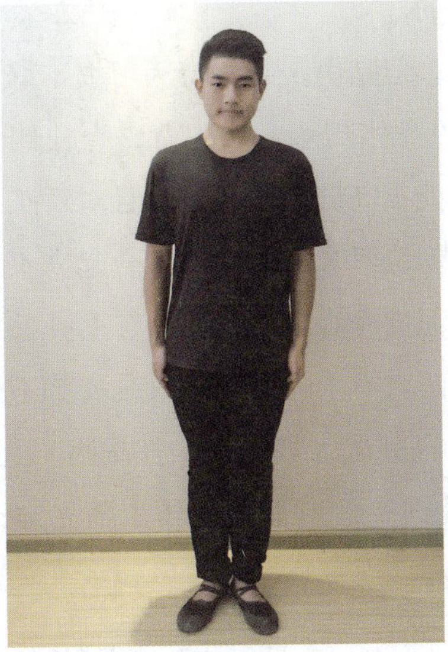 

（二）芭蕾舞的基本姿态

脚：呈小自然位站立，5 个脚趾头伸直，脚心铺平伸直，展开在地上，膝盖并拢，小腿肚并拢，大腿根并拢。

重心：放在前脚掌上，整个脚向下踩，从脚腕开始到大腿肌肉上的力量无止境向上用力延伸，膝盖伸直。

小肚：小腹向里收的同时向上提。

胃与两个肋骨向中间向里收紧。

肩膀：两个肩膀向旁边延伸的同时向下放（杜绝向后夹）。

臀部：向中间向里收紧，两个胯要向上伸展。

腰椎、脊椎、颈椎向上延伸拉直，肩胛骨向下放。

脖子立直，下巴平行（抬平），视线平视，脑袋尖感觉向上顶。

三　常见的身体发展不平衡形态及矫正方法——高低肩

（一）造成形体畸形的原因

造成形体畸形的原因有三种：一种是外伤引起的，这种情况严重的要进行手术矫正。第二种是疾病引起的，比如佝偻病，这种形体畸形需要先治疗疾病再进行形体矫正。第三种是因日常行为姿势不正确造成人体力学失衡引起的。

青少年正处于成长发育时期，形体可塑性很强。但是由于某些行为习惯不好，再加上缺乏科学系统的教学与训练，以致出现不同程度的身体畸形，如驼背、脊柱侧弯、罗圈腿、“X”形腿、“八”字脚等。进行形体训练不仅能提高健康水平，而且对矫正身体的不良姿态有着特殊的功效，有氧练习、肌肉练习和柔韧练习有机科学地结合起来不仅可以使畸形得以矫正，使人体形健美，而且对增强体质、促进身心全面发展具有重要意义。

有的人一肩高一肩低，非常影响形体美。造成两肩不平的原因一般是姿势不正确，如歪着身子写字、看书，长期用一肩背书包，长期一肩负重（如挑担、扛重物），长期用一手提重物，使脊柱肌肉的紧张性不一致，导致脊柱向一侧弯曲，身体也随之向这一侧歪斜，从而出现了两肩不平的情况。

（二）高低肩矫正练习

1. 两肩侧平举，向内、向外交替环绕。开始时向外绕小环，然后绕中环，直到绕大环。这项锻炼可增加双肩、双臂肌肉群的力量。

2. 两臂侧屈，屈肘，向内和向外环绕，开始时绕小环，逐渐加大幅度，然后向前、向上、向后绕，由小渐大。

3. 两肩轮流上提。一肩提两次后再提另一肩两次，如此重复3～4次。

四　中国古典舞简介

（一）中国古典舞简介

1. 中国古典舞的特点。

中国古典舞融合了武术、戏曲的动作及造型，展现了中国古代舞蹈的韵味，在舞蹈中讲究“精、气、神”和“手、眼、身、法、步”，注重眼睛在表演中的作用，强调由气息带动身体进行舞蹈，舞蹈中既有韵律感又有造型感，动作强调刚柔并济，步伐如行云流水，令人赞叹和陶醉。中国古典舞中主要包括身韵、身法和技巧。舞蹈中强调“形神兼备，身心互融，内外统一”，达到“以神领形，以形传神”的古典韵味。音乐多选择古筝、二胡、琵琶等乐器来演奏，通过“形、神、劲、律”的表现方式，充分展现中国古典舞的精髓和特点。

2. 学习中国古典舞的意义。

通过对中国古典舞的学习，提高学生的肢体柔韧性和气息的控制力，运用古典舞的“精、气、神”和“手、眼、身、法、步”的训练内容，提高学生的综合表演能力。中国古典舞强调舞蹈的韵律，注重呼吸在舞蹈动作中的运用，使表演者的舞蹈动作和舞姿造型充满生命力。

（二）中国古典舞优秀作品赏析——《扇舞丹青》

舞蹈《扇舞丹青》是由青年舞蹈家王亚彬表演的，荣获2001年第五届全国舞蹈比赛创作一等奖、表演一等奖等多个奖项。作品中透过扇子的舞动，演绎出中华民族书法艺术的神韵之美，动态地展现了“纸上的舞蹈”。作品通过表演者似飞腾狂草、像描画丹青般的一招一式精彩表演，在整个舞台空间，塑造出一种古雅、端庄，充满中国传统舞蹈文化的体态形象，将古典舞与中国书法文化、扇文化、剑文化融为一体，把舞、乐、书、画熔于一炉，在情景交融、人与自然浑然一体中营造了一个恬静、雅致、高远的意境。运用诗一样的表现手法，仅靠舞者的身体和扇子，通过舞者身体那快慢相宜、刚柔相济、抑扬顿挫、错落有致的运动，将扇子与肢体动作的幅度、力度、速度、空间相结合，营造出洒脱、飘逸、灵动、稳重和突变等不同的效应，时而如高山坠石、千里阵云，时而如春蚕吐丝、绵里藏针的舞蹈形象，令人如梦如幻、如痴如醉。

五　中国民族民间舞——傣族舞

（一）傣族简介

1. 傣族人口分布和聚居地以及信奉的宗教。

傣族是一个历史悠久的民族，大多居住在热带、亚热带的河谷平坝地带，如云南德宏傣族景颇族自治州、西双版纳傣族自治州、耿马傣族佤族自治县及孟连傣族拉祜族佤族自治县等。傣族信奉南传上座部佛教，和平、善良是他们的主要性格特征。傣族中有水傣、旱傣、花腰傣3个支系，由于气候原因，较喜欢干栏式建筑。

2. 傣族的代表性舞蹈及风格特征。

傣族舞蹈丰富多彩，嘎光舞、象脚鼓舞、孔雀舞这3种舞蹈是傣族舞蹈中最基本、最具特色、最典型和最具代表性的舞蹈。傣族舞蹈风格特征明显，舞姿优美、迷人，感情细腻、含蓄，舞姿具有雕塑性，腿部多保持半蹲姿态，身体和手臂呈现三道弯造型。傣族舞蹈的基本动律特征和节奏特点是重拍向下，舞蹈一般赤脚进行，全脚掌着地，不强调踏和踩，更强调节奏的重拍和动律的特点及上身的每个关节和动作形成的三道弯造型，这样的结合形成了傣族特有的舞蹈特点。

3. 学习傣族舞蹈的意义。

通过对傣族舞蹈的学习，提高学生对美的认识，运用傣族舞蹈的特点，训练学生的肢体柔韧性和节奏的控制、把握力，培养学生的感受能力、观察模仿能力、表演能力，使之努力成为具有良好形象、良好气质和掌握规范服务技巧的服务人员。

（二）傣族优秀作品赏析——《雀之灵》

舞蹈《雀之灵》是由杨丽萍创作和表演的，在1982年全国第二届舞蹈比赛中荣获创作表演一等奖。该舞蹈形象化地模拟了孔雀吸水、梳羽、飞翔等典型生活习性，采用了傣族舞蹈中孔雀舞最具特点的手势和三道弯动作造型，运用多种编创手法，形象、生动、拟人化地展现了美丽的孔雀形象。在作品中，编导不注重叙述故事情节，而是运用舞蹈最擅长的抒情方式展现了孔雀的美、孔雀的灵性，虽表现的是一只美丽、灵动的孔雀，实则是想表达编创者对美好生活的抒情和赞颂，运用舞蹈的表现手法，唤起欣赏者对美好生活的共鸣和追求。在舞蹈中，舞蹈手形孔雀嘴势和孔雀的开屏动作、手臂的快速摆动及演员的快速旋转，都让人印象深刻，运用静态、动态、流动、快速变化的动作造型，用美的形象深深地打动观赏者，给人带来一场完美的视觉盛宴。

★技能训练

训练计划（时间：65分钟）

序　号	训练内容	动作名称	训练要求	训练时间	建议音乐	备　注
1	力量训练	胸前推举	集体训练	30分钟	无	
		绕肩放松				
		负重耸肩				
		跪式拉伸				
2	芭蕾	基本姿态	集体训练	15分钟	2/4拍 中速，平稳的	
3	体型矫正	高低肩矫正	集体训练	20分钟	无	

一　力量训练

（一）胸前推举

1. 动作要求。

（1）训练过程注意保持身体正直，不要向四周摆动；

（2）手臂向上拉起时，手肘不能弯曲，收紧手臂肌肉，握紧哑铃；

（3）调整呼吸，手臂上拉时吸气，下降时呼气。

2. 训练计划。

手臂一上一下为动作 1 次，每只手臂动作 10 次后，交换另外一只手臂重复动作 10 次。左右手臂各动作 10 次为一组，每次训练 3 组，每组间隔休息 30 秒。

（二）绕肩放松

1. 动作要求。

（1）训练过程注意保持身体正直，不要向四周摆动，环绕过程不要耸肩；

（2）动作不宜过快，环绕过程尽量保证肩部的延展；

（3）呼吸与动作保持一致，每环绕一周呼吸一次。

2. 训练计划。

手肘向前绕圈画圆 2 个 8 拍，手肘向后绕圈画圆两个 8 拍，每 2 拍画圆一圈。

（三）负重耸肩

1. 动作要求。

（1）动作过程始终保持挺胸收腹的状态，同时收紧臀部，不要顶胯。

（2）耸肩时手臂自然下垂，放松，肩部提到最高点时保持 2 秒，下沉时尽量缓慢，感受肩胛骨的受力程度。

（3）初次训练学生，建议采用单边训练，两肩交替进行。

2. 训练计划。

初学者，每边肩膀耸肩 10 次后交替另一边耸肩，两边各耸肩 10 次为一组，每次训练 3 组，每组间隔 10 秒。

熟练者，双肩同时进行，每组 10 次，每次 3 组，每组间隔 10 秒。

（四）跪式拉伸

1. 动作要求。

（1）动作过程保持收腹状态。

（2）向上推肩尽量推到极致，保持 3 秒再缓慢下沉。

2. 训练计划。

每组 10 次，每次 3 组，每组间隔 10 秒。

二　芭蕾舞的基本姿态

（一）动作要求

上身始终保持直立，重心对，力量大。

（二）注意事项

上身保持 4 点正。

（三）音乐准备

5 分钟之内的轻音乐，配合练习。

三　矫正高低肩练习

（一）动作要求

上身始终保持直立。

（二）注意事项

上身保持 4 点正。

（三）训练计划

4 个 8 拍，配合音乐集体练习。

★学习评价

学生形体礼仪训练评价表

班级：　　　　　　　　　　姓名：　　　　　　　　　　学号：

标　准	优	良	中	差	教师综合评价
考勤管理					
课堂纪律					
理论知识学习					
训练表现					
训练任务掌握程度					
课后训练					

注：教师可参照附表的评分标准为学生评定成绩，并在相应的成绩栏打“√”。

任务三　姿态训练（一）

★学习内容

一　力量训练

（一）立式平举

辅助器材：哑铃。

身体站立，双腿分开与肩同宽，挺胸收腹，保持脊椎正直，眼睛平视前方。

双手自然下垂，握紧哑铃，左右手臂同时由身体两侧向上匀速提拉，与肩平行保持 3 秒，缓慢落下，落下后手与大腿外侧相距 10 cm。

（二）体后拉伸

身体跪坐地面，保持上半身挺直，双手向身体侧方打开抬平，右手向上举起，曲肘，手掌位于后背，同时左手向下，曲肘于背部扣住右手。保持缓慢悠长的呼吸 5 次，吸气时手肘向后拉伸，呼气时手肘放松，反方向重复一次。

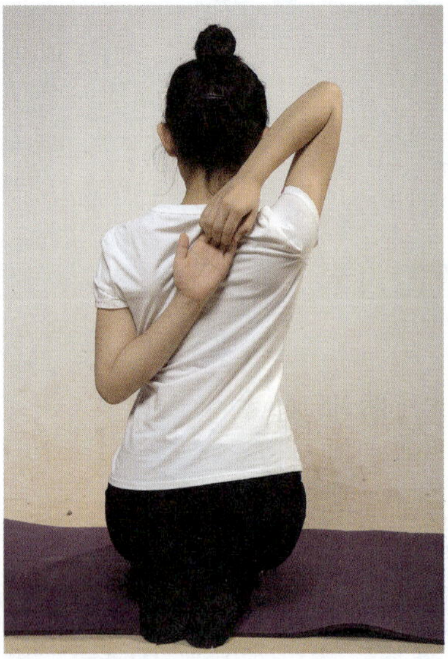

（三）立式划船

身体站立，双腿分开与肩同宽，臀部收紧，保持脊椎正直，眼睛平视前方，双手握拳收于腰部，手肘向内夹紧。吸气挺胸，手肘向后拉伸，呼气手臂水平向前伸出，拳心相对，保持与肩同宽。

（四）俯卧挺胸

身体俯卧于地面，手臂收于胸部两侧，手掌紧贴地面，手肘向上，双腿并拢。吸气时抬头，手臂伸直，将上身撑起，保持 5 个呼吸，呼气缓慢还原。

二　芭蕾形体——手形和手位

（一）8个点的方向

图中各点分别代表教室平面图每一个方向的代号。

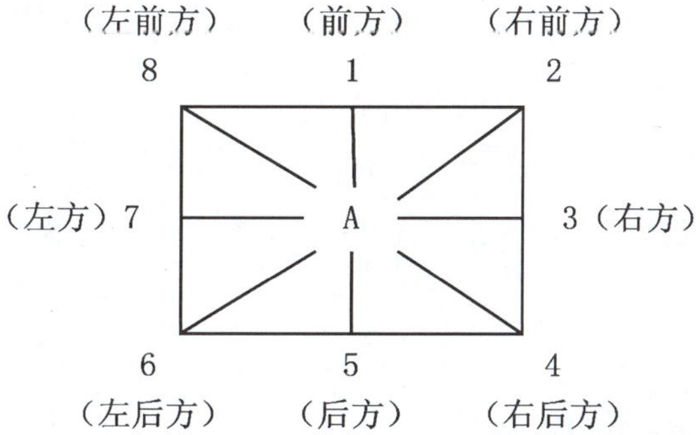

（二）芭蕾形体手形

在芭蕾形体中，手的位置具有重要的意义，是一种最基本的表现手段。

手形：手指放松，中指、无名指和小拇指并在一起不要分开，食指微向上翘，大拇指轻捏中指指根。

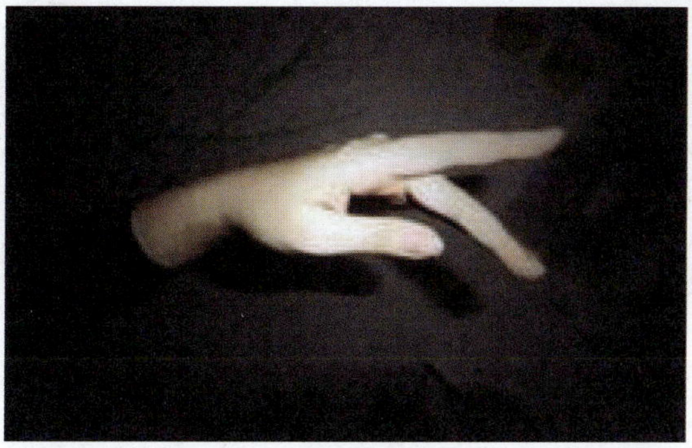

手腕是连接手与手臂的主要环节，它在动作中处于什么状态直接影响到上身乃至整个身体的整体造型，特别是空乘人员，在给宾客指引方向的时候手腕在整个手臂造型中起了举足轻重的作用，所以我们通过对手腕的训练来合理控制手腕的力度，也通过对手腕的训练间接地训练手指尖的感觉，把手掌、手指与手臂之间连接得更完美。

（三）芭蕾舞手位

一位手：手指尖相对，中间一个拳头的距离，小手指头在每个腿的中线，小手指头与腿的距离在10厘米，手指尖到胳膊肘形成一个最大的弧度，胳膊肘稍微架起一点，要自然。

二位手：保持一位手的形状往上抬，手腕带着向上抬，两手臂呈弧线状，感觉有一滴水能从上往下顺畅地流下，手心对着胃和肚脐眼的中间，抬起的同时看右手，头往左倾斜，弧度稍小一点。

三位手：继续向上抬起，手心对着额头上端，眼睛抬起时能看到手尖，大臂向上伸展，胳膊肘展开，眼睛随右手用视线送到三位手。

四位手：右手用小手指尖往下切到二位手位置，眼睛跟着右手。

五位手：右手指尖带动小臂向旁展开，胳膊肘在斜前一点最大的弧度。

六位手：左手向下切。

七位手：左手展开，手心相对。

三 常见的身体发展不平衡形态及矫正方法——溜肩

“溜肩”又叫垂肩，即两肩下垂，指人体肩部与颈部的角度较大。主要原因是肩部的锁骨和肩胛骨周围附着的各种肌肉群不发达、无力，使锁骨和肩胛骨远端下垂。这是青少年中较常见的一种现象，只要加强锻炼，采用适当的方法就可以矫正。

正常男子颈部与肩部的角度在 95° ~ 110°，女子在 100° ~ 120°，如果男子或者女子肩部与颈部的角度大于上述角度，就属于溜肩。要矫正溜肩，可以做以下锻炼：

1. 侧平举：两脚开立，同臂下垂，双手握拳，拳眼向前，或手持重物，然后同臂侧平举，保持手臂与肩平位置下 3 ~4 秒，再还原。每组 10 次，练习 3 组。

2. 耸肩：站立或坐位，上体保持正常，两肩同时上提并坚持一段时间，然后放松。如此重复多次。

3. 两臂侧上举：在耸肩的基础上，两手持适当重物侧上举，重复 10 次，每天早晚做两次，练习效果更好。

4. 臂上举：两脚开立，与肩同宽，两手持适当重物侧上举，如此重复 10 次，每天早晚做两次。

5. 俯卧撑：俯卧于平地上练习俯卧撑，直到不能做为止，每天早晚练习两次。

此外，练单杠、双杠、吊环、做杠铃、哑铃、壶铃的头后上举，以及爬绳、爬杠、肋木上的悬垂、鞍马上的支撑摆动、游泳、划船、举重、投掷等运动，都有助于溜肩的矫正。

溜肩的人日常生活中也要注意矫治。睡觉要侧卧，枕头稍加高一点，走、站、坐时不要含胸，肩膀可微微端起。看书写字用的桌子不能太低。只要多加注意，并坚持矫正锻炼，溜肩就能矫正。

四　基本形态训练——站姿

在社交场合中，良好的礼仪姿态能够直接体现出服务人员自身的基本素质，对社会交往有着良好的促进作用。通过规范的站姿训练、坐姿训练、走姿训练、蹲姿训练以及优雅的手势礼仪训练，可以改变诸多不良体态，使身体姿态变得更加优雅得体，充分展示出良好的职业素养，提升服务类行业的品质形象。

垂臂式站姿：男女生双脚掌分开成“V”字形，上身直立，抬头挺胸，下颌微收，双目平视正前，嘴角微闭，面带微笑，双手自然下垂放于身体两侧。

五 中国古典舞——基本手形（一）

（一）男生掌形

男生完成掌形时注意四指并拢，指根下压，大拇指虎口充分打开。

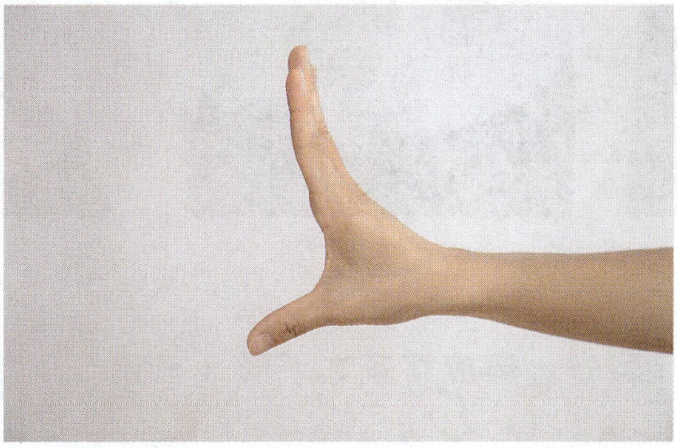

（二）兰花指

女生兰花指要求大拇指贴住中指的根部，中指用力向下压，其余手指全部翘起。

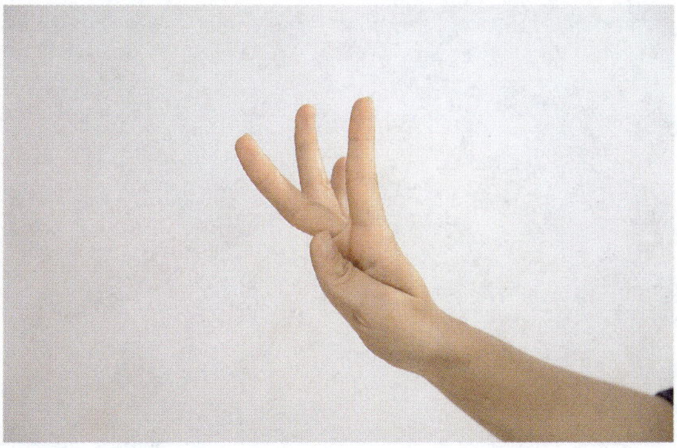

（三）小五花

小五花要注重双手手腕的配合，手腕要放松，使五花绕得团、圆。

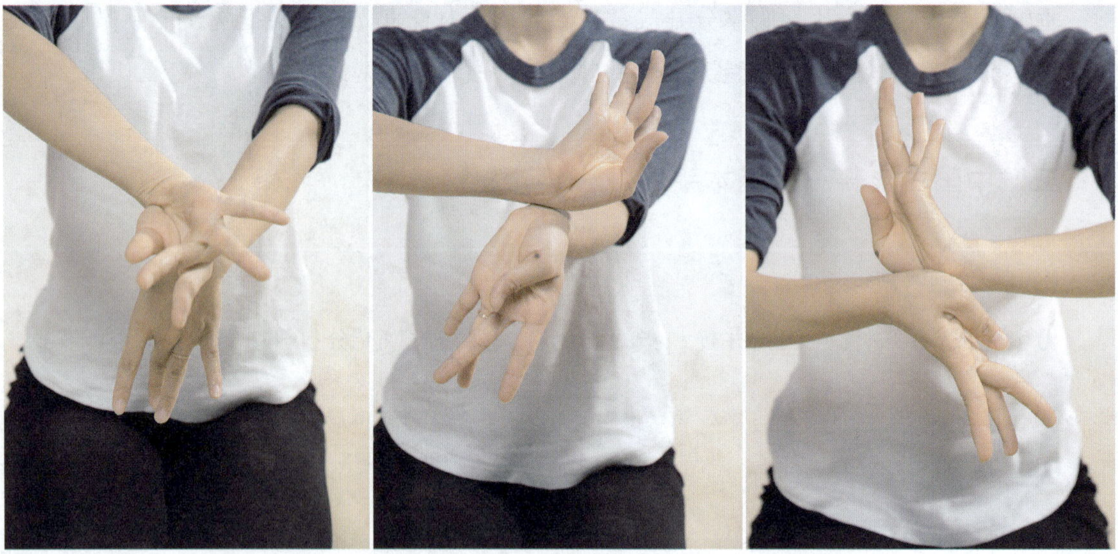

六 中国民族民间舞——傣族舞基本手形（一）

（一）掌 式

1点方向双脚正部位准备，双膝自然弯曲，收紧腹部，肩胛骨向内收紧，眼睛看正前方，手指四指并拢，大拇指虎口打开并向内扣紧，手腕下压。

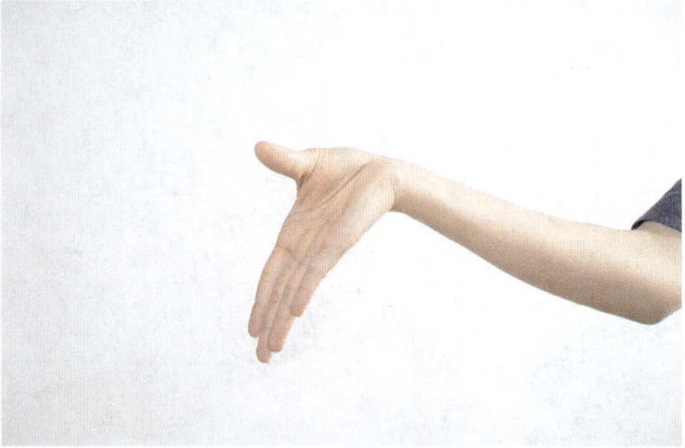

（二）领 腕

在掌式的基础上，翻转掌心冲上，内侧手腕向上提。

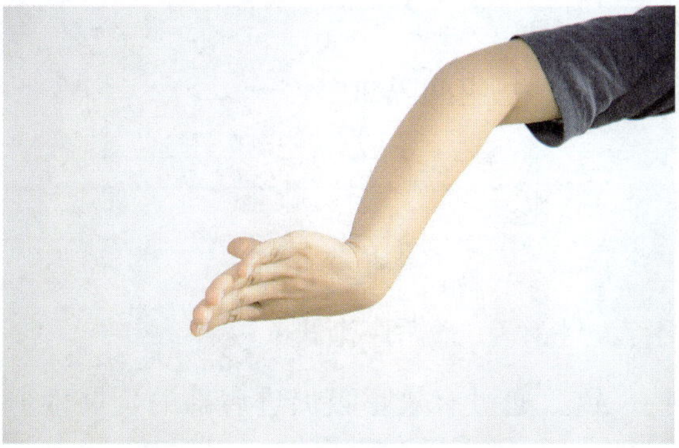

★技能训练

训练计划（时间：145 分钟）

序　号	训练内容	动作名称	训练要求	训练时间	建议音乐	备　注
1	力量训练	立式平举	集体训练	30 分钟	无	
		体后拉伸				
		立式划船				
		俯卧挺胸				
2	芭蕾	手形、手位	分组训练	30 分钟	4/4 拍音乐	
3	体型矫正	溜肩矫正	分组训练	20 分钟	无	
4	基本形态	垂臂式站立	集体训练	15 分钟	无	
5	中国古典舞	男掌形	分组训练	30 分钟	2/4 拍 中速，平稳的	
		兰花指				
		小五花				
6	傣族舞手形	掌式	分组训练	20 分钟	2/4 拍 舒缓的	
		领腕				

一　力量训练

（一）立式平举

1. 动作要求。

（1）训练过程注意保持身体正直，不要挺胯。

（2）手臂向上拉起时，手肘不能弯曲，收紧手臂肌肉，握紧哑铃。

（3）调整呼吸，手臂上拉时吸气，下降时呼气。

2. 训练计划。

每组10次，每次训练3组，每组间隔30秒。

（二）体后拉伸

1. 动作要求。

（1）训练过程动作不宜过快，注意循序渐进；

（2）呼吸与动作保持一致，通过有效呼吸促进肩部的延展性。

2. 训练计划。

左右两边各完成1次动作为一组，重复2组。

（三）立式划船

1. 动作要求。

（1）动作过程中手臂始终保持紧贴身体两侧，收紧腹部和臀部，不要顶胯。

（2）手肘向后拉伸时，努力拉到最后，保持2秒再向前伸。

2. 训练计划。

每组10个，每次3组，每组间隔10秒。

（四）俯卧挺胸

1. 动作要求。

（1）身体被撑起后，头部不要过度后仰，眼睛看向斜上方45°角。

（2）身体下沉过程保持缓慢呼气。

2. 训练计划。

每次动作10个，每个动作间隔1次呼吸。

二　芭蕾手形和手位

（一）注意事项

芭蕾形体姿态站立，上身始终保持4点正。

（二）训练计划

建议使用4/4拍音乐，每个手位配合完成练习。

准备姿态：小自然位站立，双臂形成一位手姿态。

1－4 双臂抬到二位手位置。

5－8 双臂抬到三位手位置。

2－4 双臂向旁打开成七位手位置。

5－8 双臂向下回到一位手位置。

重复以上练习2个8拍。

三　溜肩的矫正操

动作要求：上身始终保持直立。

四　垂臂式站姿训练

（一）动作要求

1－8 保持准备姿势，双手自然下垂置于身体两侧，自然均匀呼吸。

2－8 面带微笑，自然均匀呼吸。

3－8 抬头挺胸，自然均匀呼吸。

4－8 保持体态，自然均匀呼吸。

（二）注意事项

站立时，上身保持正直，收腹挺胸，面带微笑，双臂始终保持自然下垂于身体两侧。

（三）训练计划

音乐准备：5分钟之内的轻音乐，配合组合训练。

五　中国古典舞基本手形

（一）动作名称

1. 男掌形。
2. 兰花指。
3. 小五花。

（二）注意事项

注意女生在做兰花指时，中指根部要充分下压，其余手指全部翘起，手指要外松内紧，切记不要使拙劲。

（三）训练计划

1. 音乐准备：2/4 拍，中速，平稳的。

2. 分组练习，每组 5 个同学，共练习 3 组。

3. 训练要求：每种手形各练习 3 组，每组 10 个。

六　傣族舞基本手形

（一）动作名称

1. 掌式。

2. 领腕。

（二）注意事项

保持身体的正确体态，注意手指四指根部用力向下压，大拇指虎口打开并向内收紧，手腕向上提起，肘关节要有意识向前靠拢。

（三）训练计划

1. 音乐准备：节奏舒缓的 2/4 拍音乐。

2. 分组练习，每组 5 个同学，共练习 2 组。

3. 训练要求：

（1）每个动作 4 个 8 拍，共 12 个 8 拍。

（2）动作要到位，教师检查每位同学的体态、手形动作是否到位。

★学习评价

学生形体礼仪训练评价表

班级：　　　　　　　　　　　　姓名：　　　　　　　　　　　　学号：

标　准	优	良	中	差	教师综合评价
考勤管理					
课堂纪律					
理论知识学习					
训练表现					
训练任务掌握程度					
课后训练					

注：教师可参照附表的评分标准为学生评定成绩，并在相应的成绩栏打“√”。

任务四　姿态训练（二）

★学习内容

一　力量训练

（一）直立上举

辅助器材：哑铃。

身体站立，双腿分开与肩同宽，挺胸收腹，保持脊椎正直，眼睛平视前方。手臂向两侧打开与地面平行，手肘向上弯曲 90°。双手握紧哑铃，向上伸直手臂，靠近双耳，保持 3 秒，缓慢落下还原。

（二）体侧拉伸

1. 身体跪坐地面，保持上半身挺直。

2. 右手向身体正前方抬起，与肩同高，手臂与地面平行，手掌向内打开，保持手臂伸直，向左肩方向靠拢。

3. 抬起左手，曲肘握拳，将手腕内侧位于右手肘关节处，并将右手尽量拉近身体，保持缓慢悠长的呼吸 5 次，反方向重复一次。

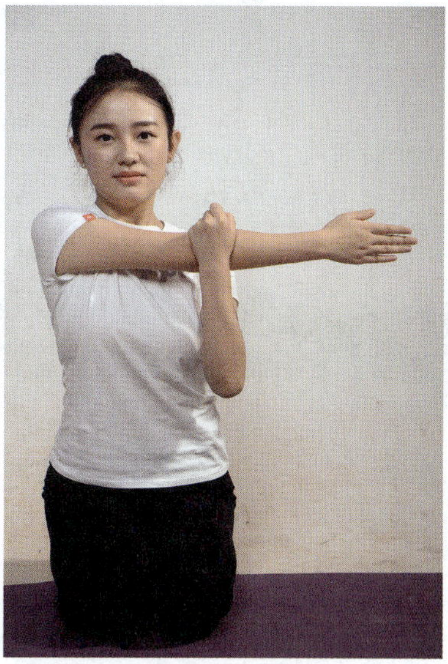

（三）宽距推举

辅助器材：哑铃。

身体站立，双腿分开与肩同宽，挺胸收腹，保持脊椎正直，眼睛平视前方，双臂向体侧抬平，与地面平行，向上曲肘 90°握紧哑铃。吸气向斜上方伸直手臂，呼气还原。

（四）小飞燕挺身

身体俯卧于地面，双手自然伸直放置于身体两侧，双腿并拢，脚背紧贴地面。吸气时抬头挺胸，双手向后上方拉伸，上身尽量离开地面，下身保持不变，停留 3 秒，呼气缓缓落下。

二　芭蕾形体——行走礼

两手叉腰（女生两手拉裙），两脚自然位，站在教室的 2 点方向，右脚向前伸出，脚尖点地，头向左旁。

预备拍 7－8 时右脚点地。

1－8 从右脚开始，一拍一步，走向教室的右后侧（6 点方向），头向旁看。

2－8 向前迈一步，同时转成面向 5 点方向，左脚向旁边伸直，脚尖点地。

3－4 左脚收在后面，半脚尖点地（男并拢成自然位）。

5－8 女屈膝行礼（男低头行礼）。

1－8 从左脚开始，一拍一步，走向 5 点方向。

1－2 左脚向旁迈一步，右脚向旁伸直，脚尖点地。

3－4 右脚收在后面，半脚尖点地（男自然位）。

5－8 行礼（女屈膝，男低头）。

1－8 向右转身从右脚开始，一拍一步，向 4 点方向走下去，头向旁。

 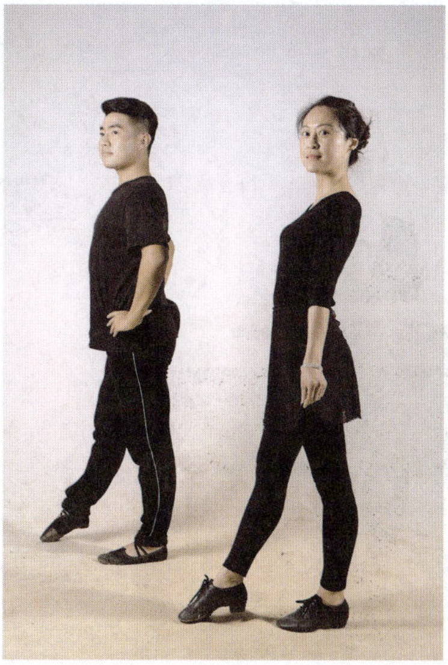

三　常见的身体发展不平衡形态及矫正方法——驼背

青少年的骨骼有机物成分较多，这样的骨骼韧性较好，具有较大的可塑性。若不注意坐立行走的姿势，平时行走时喜欢低头、含胸或挺腹，女同学出于害羞而有意识地含胸、低头，日久天长，会形成“驼背”。形成驼背的另一个原因是缺乏体育锻炼。

纠正驼背可采用以下方式：

1. 双手背后叉握，尽力上提到肩胛骨，用力顶住后背，头后仰。

2. 仰卧，双臂平放，上体挺起，成枕部与臂部撑地姿势。

3. 跪立，两手抓住脚跟，胸前挺，头后仰。

4. 俯卧，双手叉握放头后，两脚伸到柜子或其他物体的下面。上体和头部向后上方抬起，两肘同时张开上抬。

5. 坐在椅子上，双手叉握放头后，胸部用力向前挺，头后仰。

四　基本形态训练——双手前交握式站姿

男生双脚平行分开站立，双脚距离与肩膀同宽，双手虎口打开交握置于腹前，右手在上；女生双脚掌分开成“V”字形，双手虎口打开交握置于腹前，右手在上，男生女生双目平视正前，面带微笑。

五　中国古典舞——基本手形（二）

拳形：双手虚握拳，大拇指贴近食指的外侧。

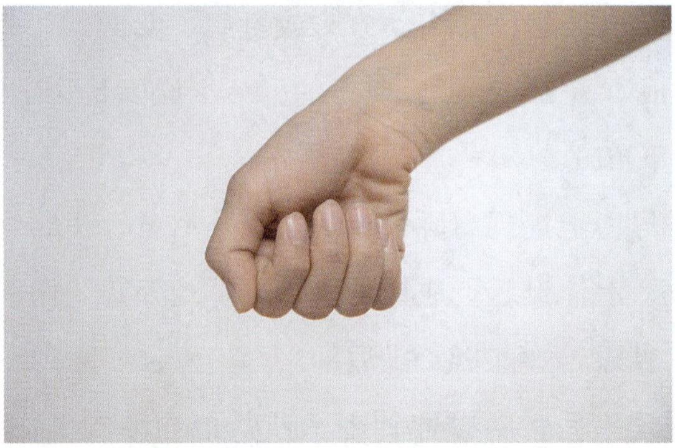

六　中国民族民间舞——傣族舞基本手形（二）

（一）孔雀手

在掌式的基础上，食指第二关节扣回。

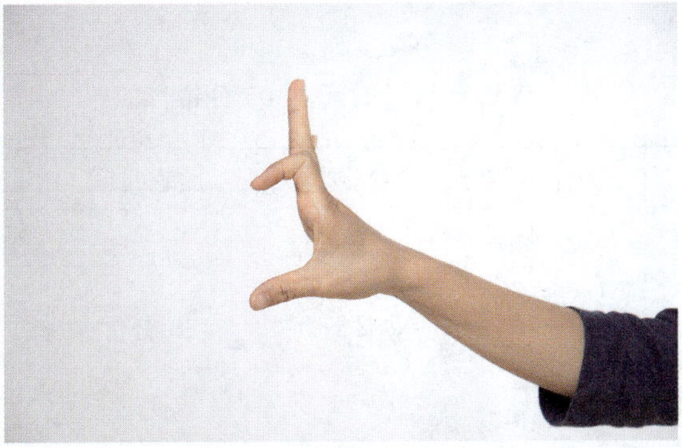

（二）眼式手

在掌式的基础上，食指从指根处扣回，与拇指平行，其余三指扇形打开。

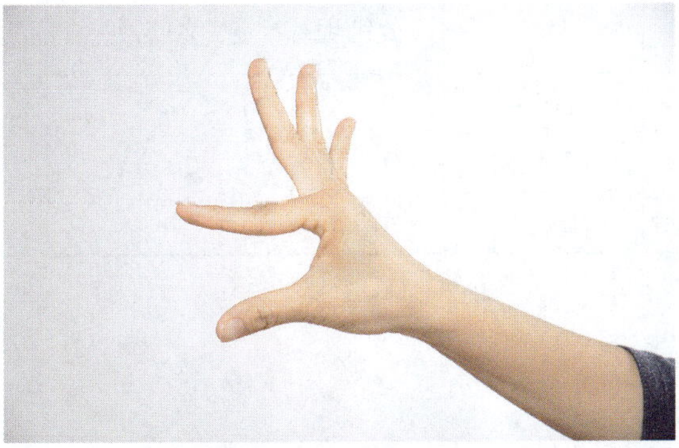

（三）嘴式手

在眼式手的基础上，把食指与拇指相贴。

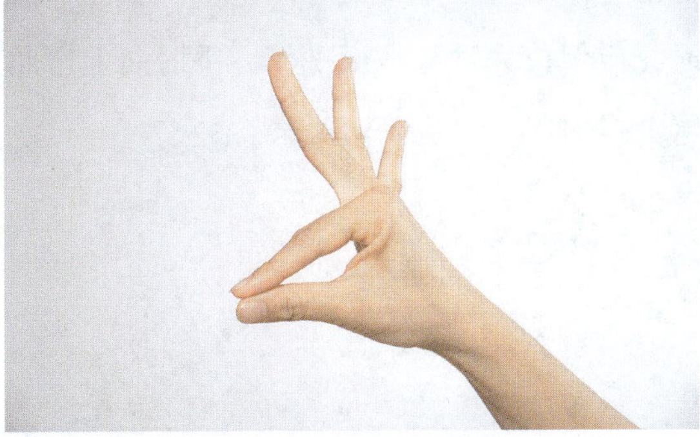

★技能训练

训练计划（时间：105 分钟）

序　号	训练内容	动作名称	训练要求	训练时间	建议音乐	备　注
1	力量训练	直立上举	集体训练	30 分钟	无	
		体侧拉伸				
		宽距推举				
		小飞燕挺身				
2	芭蕾	行走礼	分组训练	20 分钟	4/4 拍音乐	
3	体型矫正	驼背矫正	集体训练	20 分钟	无	
4	基本形态	双手前交握式站姿	集体训练	15 分钟	无	
5	中国古典舞	拳型	分组训练	20 分钟	2/4 拍 中速，平稳的	
6	傣族舞手形	孔雀手	分组训练	30 分钟	2/4 拍 舒缓的	
		眼式手				
		嘴式手				

一　力量训练

（一）直立上举

1. 动作要求。

（1）训练过程注意保持身体正直，不要挺胯。

（2）每个动作还原时，应保持大臂与地面平行，手肘向上弯曲 90°。

（3）调整呼吸，手臂上拉时吸气，下降时呼气。

2. 训练计划。

每组 10 次，每次训练 3 组，每组间隔 30 秒。

（二）体侧拉伸

1. 动作要求。

（1）动作缓慢进行，注意力集中于被拉伸的手臂。

（2）拉伸过程中，结合呼吸节奏，每次吸气时，尽量将被拉伸手臂向身体靠近。

（3）动作过程中，保持身体正直，循序渐进。

2. 训练计划。

左右各完成1次动作为一组，重复3组。

（三）宽距推举

1. 动作要求。

（1）动作过程保持身体正直，收腹挺胸，收紧臀部，不要挺胯。

（2）还原过程动作要缓慢，还原后保持大臂与地面平行。

2. 训练计划。

每组动作10次，重复3组，每组间隔20秒。

（四）小飞燕挺身

1. 动作要求。

动作要与呼吸节奏相配合，深吸气，慢呼气。

2. 训练计划。

每次10个动作，每个动作间隔1次呼吸。

二 行走礼

（一）动作要求

向前迈步的时候要保持腿外开，要松弛的，脚后跟带着小腿，在保持自然位的基础上保持外开。屈膝礼要求：主力腿转开伸直、动力腿转开。

（二）注意事项

上身保持4点正，转头不要转肩膀，后背收紧，两胯始终向上提。

（三）训练计划

建议准备4/4拍音乐，男女生分组进行练习，一组做完一个8拍后，下一组跟上，每组做4个8拍。

三 驼背矫正

（一）动作要求

上身始终保持直立。

（二）注意事项

4点正。

（三）训练计划

以上练习每天做2～3次，每次重复10～15次，练习的主要作用是加强背部和肩颈部肌肉力量，从而帮助保持正确姿势。

四　双手前后交握式站姿训练

（一）动作要求

1－8 第1、2拍双手虎口打开交握放于腹前。

2－8 抬头挺胸，保持动作，自然均匀呼吸。

3－8 保持体态，自然均匀呼吸。

4－8 双手还原身体两侧垂臂式站姿，成预备姿势。

（二）注意事项

站立时，上身保持正直，收腹挺胸，面带微笑，双手交叉摆放于腹前时，右手卡住左手虎口，右手在上。

（三）训练计划

建议教师准备5分钟之内的轻音乐，配合组合训练。

五　中国古典舞的基本手形

（一）动作名称

拳形。

（二）注意事项

在做古典舞手形时，手是虚握拳，不能使拙劲。

（三）训练计划

1. 建议音乐：2/4拍，中速，平稳的。

2. 分组建议：分组练习，每组 5 个同学，共练习 3 组。

3. 训练要求：各手形各练习 3 组，每组 10 个。

六　傣族基本手形

（一）动作名称

1. 孔雀手。

2. 眼式手。

3. 嘴式手。

（二）动作要求

注意各手形之间的区别，尽可能将手指充分伸展。

（三）注意事项

保持正确的体态，注意手形的准确到位。

（四）训练计划

1. 建议音乐：节奏舒缓的 2/4 拍音乐。

2. 分组建议：分组练习，每组 5 个同学，共练习 2 组。

3. 训练要求：

（1）每个动作 4 个 8 拍，共 12 个 8 拍。

（2）动作要准确到位，教师检查每位同学的体态、手形动作是否到位。

★学习评价

学生形体礼仪训练评价表

班级：　　　　　　　　　　姓名：　　　　　　　　　　学号：

标　准	优	良	中	差	教师综合评价
考勤管理					
课堂纪律					
理论知识学习					
训练表现					
训练任务掌握程度					
课后训练					

注：教师可参照附表的评分标准为学生评定成绩，并在相应的成绩栏打“√”。

任务五　姿态训练（三）

★学习内容

一　力量训练

（一）仰卧推举

辅助器材：哑铃。

身体仰卧于地面，双腿并拢，曲肘，手肘垂直于地面，双手握紧哑铃，呼气时将哑铃向身体正上方推举，直至手臂伸直，吸气时缓缓落下。

（二）坐式挺胸

坐于地面上，双腿伸直与躯干成90°，双手支撑于身后。吸气抬头挺胸，保持3个呼吸；呼气时缓缓放松还原。

（三）直立侧拉

辅助器材：哑铃。

身体站立，双腿分开与肩同宽，挺胸收腹，保持脊椎正直，眼睛平视前方，双手握紧哑铃。

右手自然放垂于体侧，左手将哑铃置于左肩，吸气身体向右侧弯曲，同时，左手经过左耳向身体右侧伸出，拉伸左侧腰部肌肉，呼气还原。左右两侧交替训练。

（四）坐式转身

身体坐在地面上，双腿向大腿内侧交叉盘好，上身保持直立，眼睛平视前方。吸气双手向身体两侧抬平，呼气上身向左侧转体，同时右手曲肘握住左肩，左手向背后曲肘，背于后腰部，保持3个呼吸，吸气慢慢转正身体，抬平双臂，反方向重复。

二　芭蕾形体——地面练习

（一）练习前应严格按以下步骤坐到地面上

1. 面向2点方向，两脚站自然位。

2. 先右脚跪下，再坐到右脚跟上，左脚向前伸直、绷脚，躯干垂直，两手向旁伸，指尖触地面。

3. 向左移重心，同时右脚贴着地面划到前，与左腿并拢，伸直、绷脚、头向前。

（二）勾、绷脚的练习

准备：（8拍）坐在地面上，两腿并拢伸直，绷脚背，两手向旁伸，指尖触地，头向前。

1－2 两脚勾脚趾。

3－4 勾全脚。

5－6 绷脚背（脚趾仍勾着）。

7－8 绷全脚。

2－8 重复一次。

3－4 两脚全勾。

5－8 两脚全绷，停。

4－8 重复一次。

以上再重复4个8拍。

三　常见的身体发展不平衡形态及矫正方法——“O”形腿

“O”形腿的形成原因，主要是人体结构力学失衡。主要表现是脊椎生理曲度的变化，骨盆的倾斜，髋关节、膝关节以及踝关节的角度和位置的相对不正常。因此所有“O”形腿的人或多或少都有驼背、胯宽、内八字、外八字、脊椎侧弯、长短腿的表象。人体结构力学的失衡都是后天姿势不当造成的，遗传的因素也有，通过后天的形体矫正是可以改变的。

1. 直立，两脚并拢，两手扶膝，做蹲下起立的屈伸运动，然后半蹲，左右交替做膝部回转运动。

2. 两脚开立，相距 50 厘米左右，两手扶膝半蹲，做两膝靠拢运动。

3. 直立，两脚平行，做提脚跟运动（提起放下）。然后以脚跟为轴，做脚尖外展内收运动，再以脚尖为轴，做脚跟外展内收运动。

4. 跪坐腿上，塌腰。两脚慢慢向外、向前移动，腰部随之渐渐直起。

5. 坐在椅子上，用两脚夹住书本，不使脱落，并坚持一定时间。这是增强两腿内侧韧带弹力的有效方法。如果在用脚夹书时用橡皮带把两膝捆住，效果更好。

四　基本形态训练——双手后交握式站姿

男生女生均垂臂式站姿，男生双脚平行分开站立，双脚距离与肩膀同宽，右手握拳，左手握住右手手腕双手向后背；女生双脚掌分开成“V”字形，双手交握式向后背。

五　中国古典舞——手的位置（一）

（一）单山膀

男士手臂抬于身旁，与肩平行，掌形手，另一手叉腰。女生保持兰花手形完成动作。

（二）按　掌

单手掌形，手到胸前，手与身体的距离为一拳，另一手叉腰。女士变换为兰花手形，其余动作不变。

六　中国民族民间舞蹈——傣族舞基本手形（三）

（一）屈掌手

掌心冲上，四指并拢弯曲向掌心内卷，大拇指用力向外打开。

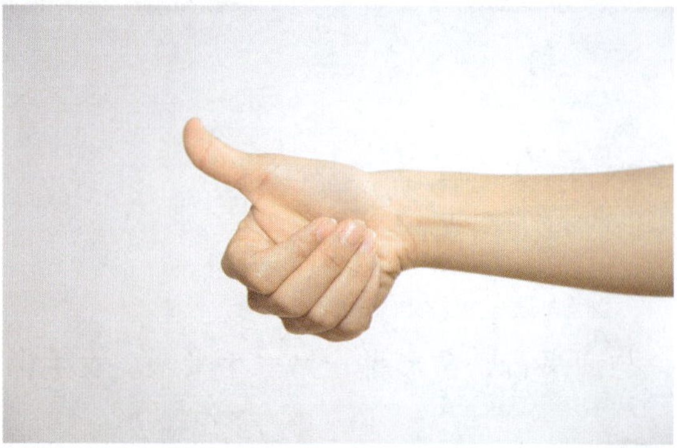

（二）爪式手

掌心冲上，手指伸直，从小拇指开始向内靠近掌心内卷。

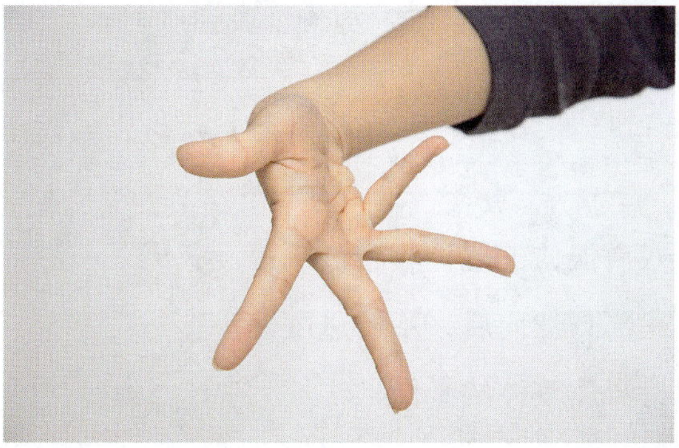

★技能训练

训练计划（时间：110 分钟）

序　号	训练内容	动作名称	训练要求	训练时间	建议音乐	备　注
1	力量训练	仰卧推举 坐式挺胸 直立侧拉 坐式转身	集体训练	30 分钟	无	
2	芭蕾	地面练习	集体训练	20 分钟	4/4 拍音乐	
3	体型矫正	“O”形腿矫正	集体训练	15 分钟	无	
4	基本形态	双手后交握式站姿	集体训练	15 分钟	无	
5	中国古典舞	单山膀 按掌	分组训练	20 分钟	2/4 拍 中速，平稳的	
6	傣族舞手形	屈掌手 爪式手	分组训练	10 分钟	2/4 拍 舒缓的	

一　力量训练

（一）仰卧推举

1. 动作要求。

（1）向上伸直手臂时，在保证安全的前提下，稍微放快速度；

（2）伸直手臂后，保持 3 秒；

（3）下落时，速度一定要缓慢，提高肌肉的耐受力。

2. 训练计划。

每组 10 次，重复 3 组，每组之间休息 20 秒。

（二）坐式挺胸

1. 动作要求。

（1）坐于地面时，双肩保持下沉，收腹挺胸；

（2）抬头挺胸时，头部自然向后，不要过度仰头；

（3）动作缓慢，保持身体整体的平衡；

（4）有能力者可让臀部离开地面，身体保持直线，由四肢支撑，悬空保持 3 个呼吸。

2. 训练计划。

每次训练 5 组，每组间隔 3 秒。

（三）直立侧拉

1. 动作要求。

（1）在动作过程中，身体不能转体，头部和身体始终保持面向正前方，在同一平面运动；

（2）动作不宜过快，使训练者充分感受肌肉拉伸的过程。

2. 训练计划。

左右两边各完成 10 次为一组，每次 2 组。

（四）坐式转身

1. 动作要求。

（1）动作过程保持上身直立；

（2）转身时，头部随身体转动。

2. 训练计划。

左右各动作 1 次为一组，每次训练 5 组。

二　芭蕾形形体——地面练习

（一）动作要求

坐在地面，保持芭蕾形态，两脚是正步，大腿根、膝盖、脚腕、脚踝、往里推、大名骨并拢改成两腿并拢。

（二）注意事项

上身保持4点正。

（三）训练计划

建议使用4/4拍音乐，配合练习。先练绷脚背的分解、绷脚趾的分解；再练勾脚趾尖的分解、膝盖伸直；最后直接勾、直接绷。

三　“O”形腿矫正

（一）动作要求

保持直立。

（二）训练计划

按要求完成学习内容的练习。

四　双手后交握式站姿训练

（一）动作要求

1－8 第1、2、3、4拍双手交握放于背后骶骨处、腰部以下尾骨以上部位并自然呼吸。

2－8 抬头挺胸，保持动作，自然均匀呼吸。

3－8 保持体态，自然呼吸。

4－8 双手还原成垂臂式站姿，成预备姿势。

（二）注意事项

上身保持正直，收腹挺胸，自然呼吸，面带微笑，双手交叉摆放于后背时，右手虎口卡住左手虎口，左手在上。

（三）训练计划

建议教师准备5分钟之内的轻音乐，配合组合训练。

五　中国古典舞——手的位置

（一）动作名称

1. 单山膀。

2. 按掌。

（二）注意事项

练习单山膀、按掌手时，手肘要架起来，注意体态。

（三）训练计划

1. 建议音乐：2/4 拍，中速，平稳的。

2. 分组建议：分组练习，每组 5 个同学，共练习 3 组。

3. 训练要求：

（1）单一练习：各手位正面练习 5 次，反面练习 5 次。

（2）组合练习：各手位连接在一起，每个手位正面一个 8 拍，反面一个 8 拍，练习 3 组。

六　傣族舞基本手形

（一）动作名称

1. 屈掌手。

2. 爪式手。

（二）动作要求

屈掌手尽可能将四指并拢，指关节向内弯曲靠近掌心，大拇指充分向旁打开；爪式手五指伸直分开，由小拇指带动向掌心内卷。

（三）注意事项

保持正确的体态，注意手形的准确到位。

（四）训练计划

1. 建议音乐：节奏舒缓的 2/4 拍音乐。

2. 分组建议：分组练习，每组 5 个同学，共练习 2 组。

3. 训练要求：

（1）每个动作 4 个 8 拍，共 12 个 8 拍。

（2）动作要准确到位，教师检查每位同学的体态、手形动作是否到位。

★学习评价

学生形体礼仪训练评价表

班级：　　　　　　　　姓名：　　　　　　　　学号：

标　准	优	良	中	差	教师综合评价
考勤管理					
课堂纪律					
理论 知识学习					
训练表现					
训练任务 掌握程度					
课后训练					

注：教师可参照附表的评分标准为学生评定成绩，并在相应的成绩栏打“√”。

任务六　力量素质训练（一）

★学习内容

一　力量训练

（一）仰卧扩胸

辅助器材：哑铃。

身体仰卧于地面，双腿并拢，双臂向身体两侧打开，与身体成 90°，双手握紧哑铃，手心向上。呼气时将哑铃向身体正上方推举，与身体成 90°，保持 3 秒，吸气时缓缓落下还原。

（二）直立弓身

辅助器材：哑铃。

身体站立，双腿分开与肩同宽，挺胸收腹，双手握紧哑铃自然垂于身体两侧。微屈膝，呼气上身慢慢向前曲体，臀部后移保持身体平衡，双臂随上身自然下垂，至上身与地面平行，吸气慢慢将身体立直还原。

（三）伏地式拉伸

身体跪坐于地面，脚面贴于地面，身体前倾，双臂向内曲肘交叠成拥抱状贴于地面，头部枕于手臂上，肩部尽量下沉，胸部尽量贴近地面，臀部尽量贴近脚跟。轻闭双眼，缓慢呼吸，排除杂念，保持30秒。

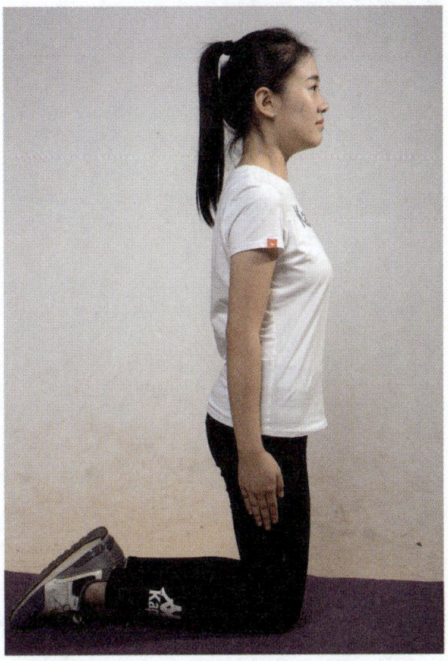

二　芭蕾形体——腿的外开练习

准备：（8拍）坐在地面上，两腿转开，膝盖转开的同时往里收，伸直并拢，绷脚背，两手向旁伸，指尖触地。

1－2 两腿向内转，脚背朝上。

3－4 两腿从大腿根部开始带动整条腿向外转开。

5－8 重复一次。

1－2 右腿抬起离地大约40°，头向左倾。

3－4 右脚落回原位。

5 头向右。

6 头向左。

7－8 头回到原位。

从左脚开始，重复以上动作。

三 常见的身体发展不平衡形态及矫正方法——脊柱侧弯

（一）“脊柱侧弯”的表现

1. 穿上衣服后，领口不平，一侧肩膀比另一侧肩膀高。

2. 一侧后背隆起。

3. 坐立时，腰部一侧有皱褶，而另一侧没有。

4. 平视身体，发现其一侧髋部比另一侧高。

5. 平躺时，两侧下肢不等长。

（二）“脊柱侧弯”的矫正方法

脊柱是人体的中轴和支柱，是人体极其重要的结构，脊柱侧弯的矫正主要针对轻中度青少年特发性脊柱侧弯、短期发现的退行性脊柱侧弯，这些都是由于姿势不当引起的。可以做以下动作予以矫正：

1. 两脚打开，腿伸直，一臂自然下垂，一臂侧上举，做体侧屈运动，振幅要逐渐加大。

2. 两脚打开，腿伸直，一手叉腰，一臂侧上举，向叉腰一侧做体侧屈运动，振幅要逐渐加大；也可一手叉腰，一手放于头上，向叉腰侧做体侧屈运动，两手同时推挤。

3. 盘坐，甩动两臂，左右回转上体。或两臂侧平举，回转上体。

做以上 3 节操时，应针对脊柱侧弯的方向来确定动作方向。

四　基本形态训练——单臂后背式站姿

男生女生均左脚跟靠在右脚内侧中间，形成左丁字步，双目平视正前方向，面带微笑。

五　中国古典舞——手的位置（二）

（一）托　掌

双手掌形举置头顶，掌心冲上，手臂保持弧线。

（二）双膀手

双手掌形抬于身旁，与肩平。女性掌形可以换为兰花指。

六　中国民族民间舞——傣族舞基本手位动作（一）

（一）前一位手

掌式手形基础上双手放在胯前。

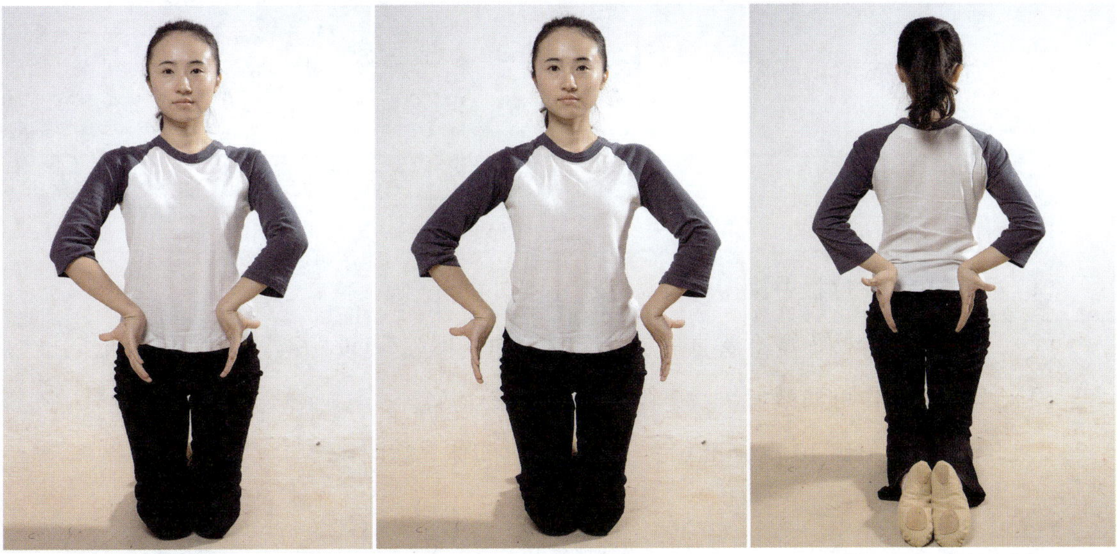

（二）旁一位手

掌式手形基础上双手放在胯旁。

（三）后一位手

掌式手形基础上双手放在腰后。

★技能训练

训练计划（时间：115 分钟）

序　号	训练内容	动作名称	训练要求	训练时间	建议音乐	备　注
1	力量训练	仰卧扩胸	集体训练	30 分钟	无	
		直立弓身				
		伏地式拉伸				
2	芭蕾	腿的外开	集体训练	20 分钟	3/4 拍音乐	
3	体型矫正	脊柱侧弯矫正	集体训练	20 分钟	无	
4	基本形态	单臂后背式站姿	集体训练	15 分钟	无	
5	中国古典舞	托掌	分组训练	10 分钟	2/4 拍 中速，平稳的	
		双膀手				
6	傣族舞手位	前、旁、后手位	分组训练	20 分钟	2/4 拍 舒缓的	

一　力量训练

（一）仰卧扩胸

1. 动作要求：

（1）手臂在上举过程中保持伸直，手腕不要外翻。

（2）下降还原时，手臂不要直接触地，与地面保持约 5 cm 距离，开始下一动作。

（3）上举时动作可稍微加快，下降时必须缓慢。

2. 训练计划：每组 10 次，重复 3 组，每组之间休息 20 秒。

（二）直立弓身

1. 动作要求：动作过程保持腰部直立，不要弓腰。

2. 训练计划：每组 10 次，重复 3 组，每组之间休息 15 秒。

（三）伏地式拉伸

1. 动作要求：

（1）肩部下沉，臀部向后形成对抗性力量。

（2）动作过程要放慢速度，使身体得到充分拉伸。

（3）保持俯身过程，要尽量排除杂念，注意力关注在呼吸过程。

2. 训练计划：每次训练重复动作 3 次。

二　芭蕾形体训练——腿的外开练习

（一）动作要求

向前迈步的时候要保持腿外开，要松弛的，脚后跟带着小腿，在保持自然位的基础上保持外开。屈膝礼要求：主力腿转开伸直、动力腿转开，膝盖转开的同时往里收。

（二）注意事项

上身保持 4 点正，后背收紧主力腿转开的同时，腿的力量往远伸，贴在地板上。

（三）训练计划

建议准备 3/4 拍音乐，分组进行练习，先抬腿训练，一条腿反复，再换另一条腿。

三 “脊柱侧弯”矫正

（一）注意事项

平时加强身体锻炼，养成良好的坐姿，写字时头部不要过于前倾，脊柱要正直、不歪头，两肩之间的连线与桌子平行，前胸不受压迫，两足着地，保持平稳而又不易产生疲劳的体位。

（二）训练计划

低头学习 20 分钟，要抬头仰视 2 ~ 3 分钟；低头学习 30 ~ 40 分钟，要起来走一走，做些左右转身的动作，头部要适当向前向后做俯仰。

四 单臂后背式站姿训练

（一）动作要求

1 –8 第 1、2、3、4 右手后背，左手自然下垂放于体侧，保持动作，自然均匀呼吸。

2 –8 抬头挺胸，双目平视正前方，保持动作，自然均匀呼吸。

3 –8 保持体态，自然均匀呼吸。

4 –8 右手自然下垂，还原成垂臂式站姿，成预备姿势。

（二）注意事项

上身保持正直，收腹挺胸，自然均匀呼吸，面带微笑，注意站立时身体整体的协调性。

（三）训练计划

建议教师准备 5 分钟之内的轻音乐，配合组合训练。

五 中国古典舞——手的位置

（一）动作名称

1. 托掌。

2. 双膀手。

（二）注意事项

托掌手切记手肘不要完全伸直，双膀手切记手不要高于肩。

（三）训练计划

1. 建议音乐：2/4 拍，中速，平稳的。
2. 分组建议：分组练习，每组 5 个同学，共练习 3 组。
3. 训练要求：

（1）单一练习：各手位正面练习 5 次，反面练习 5 次

（2）组合练习：各手位连接在一起，每个手位正面一个 8 拍，反面一个 8 拍，练习 3 组。

六　傣族舞基本手位动作

（一）动作名称

1. 前一位手。
2. 旁一位手。
3. 后一位手。

（二）注意事项

保持正确的体态，注意手形、手位的准确到位。

（三）训练计划

1. 建议音乐：节奏舒缓的 2/4 拍音乐。
2. 分组建议：分组练习，每组 5 个同学，共练习 2 组。
3. 训练要求：

（1）每个动作 4 个 8 拍。

（2）动作要准确到位，教师检查每位同学的体态、手位是否准确。

★学习评价

学生形体礼仪训练评价表

班级：　　　　　　　　　　　姓名：　　　　　　　　　　　学号：

标　准	优	良	中	差	教师综合评价
考勤管理					
课堂纪律					
理论知识学习					
训练表现					
训练任务掌握程度					
课后训练					

注：教师可参照附表的评分标准为学生评定成绩，并在相应的成绩栏打“√”。

任务七　力量素质训练（二）

★学习内容

一　力量训练

（一）俯卧撑

手指张开俯撑于地面，两臂与肩同宽，收紧腹部，保持身体成直线。曲臂将身体下降，伸臂将身体撑起。女生或力量稍弱者，在训练时可以用膝盖着地，双脚交叉抬起，保持大腿与身体成为直线。

（二）坐式侧拉

身体坐在地面上，双腿向大腿内侧交叉盘好，上身保持直立，眼睛平视前方。吸气双手向身体侧方抬平，呼气时上身向右侧弯曲，同时左手经左耳向右伸出，右手经腹部向左伸出，眼睛看斜上方45°角，保持3个呼吸。吸气慢慢还原至双手抬平动作，反方向重复。

（三）跪式挺胸

身体跪于地面，双腿打开与肩同宽，脚面贴于地面，双手位于身体两侧。吸气时抬头挺胸，脊柱后弯曲，双手向后握住脚踝，尽量向上挺胸，保持3个呼吸，吸气立身还原。

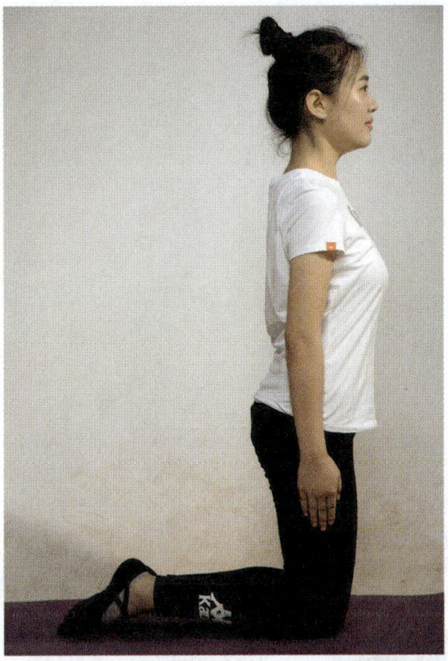

二　芭蕾形体——压腿

准备：坐在地面上，两腿并拢伸直，绷脚背，两手向旁伸，指尖触地，头向正前。

（1）1 两手在胸前击掌一下。

2 右手伸向左脚尖，身体向前压下去，左手扶地。

3 停住。

4 身体直起，手回原位。

5-8 重复一次，用左手伸向右脚尖。

（2）1 两手向上互相拍一下。

2 两手伸向脚尖，身体向下压。

3-4 停住。

5-6 身体直起，手回原位。

7-8 停住。

（3）1-8 重复（1）动作。

（4）1-4 重复（2）1-4 动作。

5－6 身体直起，同时两腿弯曲，两手扶小腿中部（不交叉）。

7－8 两膝分开贴向地面，两脚底相对，两手扶脚腕。

（5）1－3 身体向前压下去，两肘放在膝盖处，停住。

4 身体直起。

5－8 再重复两次。

（6）1－4 再重复两次。

5－6 两手二位。

7－8 两手打开七位，同时两腿向旁伸直，分开。

（7）1－4 身体向旁（右）压下去，左手伸向右腿。

5－8 身体伸直，回到原位。

（8）1－8 向左重复一次。

三　常见的身体发展不平衡形态及矫正方法——“八”字脚

“八”字脚，有外“八”字和内“八”字之分。走路两脚尖向内扣的，称之为内“八”字；走路两脚尖向外撇的，称之为外“八”字（较常见）。一般脚尖内扣或外撇不明显的，不叫“八”字脚。如果脚尖指的方向同前进方向之间的夹角超过40°，就会影响人体健美，需要矫治。

“八”字脚与“O”形腿或“X”形腿不同，后者属骨骼畸形。而“八”字脚完全是习惯问题，要想纠正并不难。纠正“八”字脚最根本的一条就是：走路时注意把脚摆正，其辅助练习如下：

1. 走直线。在地上画一直线，沿着线来回走，要求脚跟和脚掌的内沿踏在线上。

2. 纠正男孩的“八”字脚时，可用踢足球做辅助练习。纠正外“八”字用脚背外侧踢球，内“八”字用脚内侧踢球。

3. 纠正女孩的“八”字脚时，可用踢毽子做辅助练习。纠正外“八”字时用脚背外侧变换踢，纠正内“八”字用内侧踢。

4. 以15米为半径画圆，再通过圆心画直径，直径两端各延长1米练习，站立在直径的延长线上起跑，接弯道加速跑至直径的另一端延长线上，然后沿圆弧线走半圆，如此反复，左脚外撇严重者按顺时针方向跑，右脚外撇严重者方向相反。这种训练方法比走直线效果快。

四　基本形态训练——单臂前屈式站姿

男生女生均左脚跟靠在右脚内侧中间，形成左丁字步，双目平视正前方，面带微笑。

五　中国古典舞——手的位置（三）

（一）顺风旗

一手山膀，一手托掌。

（二）山膀按掌

一手山膀，一手按掌。

六 中国民族民间舞——傣族舞基本手位动作（二）

（一）侧一位手

在旁一位手的前提下上身转动，身体向左或向右。

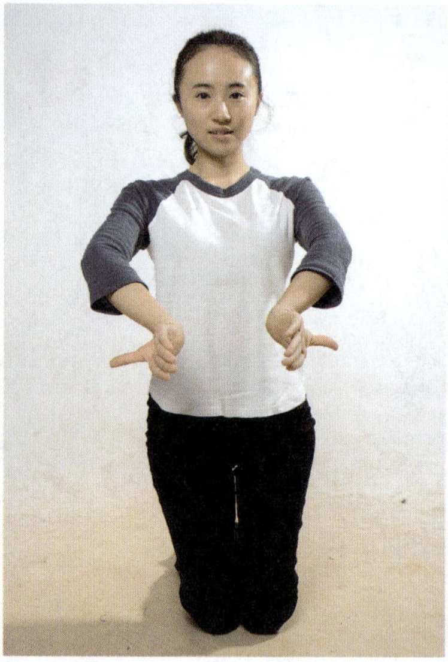

（二）二位手

双手抬至胃的斜前方，两手背相对。

（三）里二位手

双手在胸前交叉，手指间冲上。

注：所有的手位都是在掌式的基础上完成。

★技能训练

训练计划（时间：120 分钟）

序　号	训练内容	动作名称	训练要求	训练时间	建议音乐	备　注
1	力量训练	俯卧撑	集体训练	30 分钟	无	
		坐式侧拉				
		跪式挺胸				
2	芭蕾	压腿	分组训练	20 分钟	2/4 拍 中速，平稳的	
3	体型矫正	“八”字脚矫正	集体训练	20 分钟	无	
4	基本形态	单臂前屈式站姿	集体训练	15 分钟	无	
5	中国古典舞	顺风旗	分组训练	20 分钟	2/4 拍 中速，平稳的	
		山膀按掌				
6	傣族舞手位	侧一位手	分组训练	15 分钟	2/4 拍 舒缓的	
		二位手				
		里二位手				

一　力量训练

（一）俯卧撑

1. 动作要求：

（1）身体在上升和下降过程中，始终保持直线，收紧腹部和臀部。

（2）女生训练时，可以用膝盖着地，双脚交叉抬起，保持大腿与身体成为直线。

2. 训练计划：每组 10 次，重复 3 组，每组之间休息 20 秒。

（二）坐式侧拉

1. 动作要求：

（1）动作过程中，臀部始终保持紧贴地面。

（2）转体时，身体不要前倾。

2. 训练计划：左右各完成 1 次动作为一组，重复 3 组，每组之间间隔 1 次呼吸。

（三）跪式挺胸

1. 动作要求：

（1）动作要缓慢，注意呼吸节奏。

（2）初学者，如果不能让双手握住脚踝，可保持双臂向后伸直，胸部上挺，头后仰。

2. 训练计划：每次训练 5 个动作，每个动作间隔 3 秒。

二 芭蕾形体——压腿

（一）动作要求

压腿前从大腿跟开始折、腿直、膝盖贴地板、后背收紧、胳膊肘向旁、脖子直、腹部收紧。

（二）注意事项

上身保持 4 点正，后背收紧、下旁腰先动胸以上的位置。

（三）训练计划

分组慢节奏进行练习。

三 “八”字脚矫正

（一）注意事项

自己在镜前的地板上，每天沿着一条胶带或直线走一至两次，注意脚跟和脚趾的动作，反复练习，不久就会纠正“八”字姿势。

（二）训练计划

沿着一条胶带或直线走一至两次，注意脚跟和脚趾的动作，反复练习，也可应用分解走路的方法来帮助不良步态的纠正，左脚跨步向前落地时，右脚跟进，注意在左脚旁弯曲点地；右脚向前跨步时，左脚跟进，在右脚旁弯曲点地。这里关键在用力使膝盖在行走过程中保持向前的方向。

四　单臂前屈式站姿训练

（一）动作要求

1－8 第1、2、3、4 右臂肘关节弯曲，前臂抬至腹部位置，左手自然下垂放于体侧，保持动作，自然均匀呼吸。

2－8 抬头挺胸，双目平视正前方，保持动作，自然均匀呼吸。

3－8 交换成左臂前屈，脚换成右丁字步，自然均匀呼吸。

4－8 保持动作，自然均匀呼吸，5、6、7、8 拍的时候还原成准备姿势。

（二）注意事项

上身保持正直，收腹挺胸，自然均匀呼吸，面带微笑，注意左（右）臂弯曲抬至腹部位置，左（右）手心向里，手指自然弯曲，站立时保持身体整体协调优雅。

（三）训练计划

建议教师准备5分钟之内的轻音乐，配合组合训练。

五　中国古典舞——手的位置

（一）动作名称

1. 顺风旗。
2. 山膀按掌。

（二）注意事项

在做古典舞手位时要始终强调体态，挺胸、立腰、拔背、收肋骨、收紧臀部，注意在做顺风旗和山膀按掌时不要用力过猛而顶出肋骨，保持体态。

（三）训练计划

1. 建议音乐：2/4 拍，中速，平稳的。
2. 分组建议：分组练习，每组5个同学，共练习3组。
3. 训练要求：

（1）单一练习：各手位正面练习5次，反面练习5次。

（2）组合练习：各手位连接在一起，每个手位正面一个 8 拍，反面一个 8 拍，练习 3 组。

六　傣族舞基本手位

（一）动作名称

1. 侧一位手。
2. 二位手。
3. 里二位手。

（二）注意事项

保持正确的体态，注意手形、手位的准确到位。

（三）训练计划

1. 建议音乐：节奏舒缓的 2/4 拍音乐。
2. 分组建议：分组练习，每组 5 个同学，共练习 2 组。
3. 训练要求：

（1）每个动作 4 个 8 拍。

（2）动作要准确到位，教师检查每位同学的体态和手位是否准确。

★学习评价

学生形体礼仪训练评价表

班级：　　　　　　　　姓名：　　　　　　　　学号：

标　准	优	良	中	差	教师综合评价
考勤管理					
课堂纪律					
理论知识学习					
训练表现					
训练任务掌握程度					
课后训练					

注：教师可参照附表的评分标准为学生评定成绩，并在相应的成绩栏打“√”。

任务八　力量素质训练（三）

★学习内容

一　力量训练

（一）俯卧月牙起

身体俯卧于地面，双手前伸直，双腿并拢，吸气时由手和脚牵引，将身体上下两端抬离地面，仅腹部着地，使身体侧面成月牙形，保持3秒，呼气缓缓放下。

（二）立式大回环

双腿分开与肩同宽，上身前屈90°，双臂自然下垂，双腿收紧。吸气时，双手带动上身经左侧环绕至体后，呼气时，经右侧环绕还原。反向重复。

二　芭蕾形体——吸、伸腿的练习

按以下程序转成为仰卧在地面：

左腿贴着地面向右腿并拢，同时以臀部为轴，向右转180°，至面对6点方向，再仰卧到地面上，两腿伸直并拢，绷脚背，两臂在地面上向旁伸（在腰部和胯部之间），手背向上。

准备：8拍。仰卧在地面上，不动。

（1）1－2 右腿向前吸起，绷脚背，脚尖点地。

3－4 伸直成45°。

5－6 落下回原位。

7－8 停住。

（2）1－8 左腿重复一次。

（3）－（4）两腿各重复一次。

三　基本形态训练——走姿（一）

中国有句古话叫作“站如松，行如风”，说明了走姿的重要性。标准的行走站姿能够直接展现出一个人是否具备相应的礼仪素质，最能体现出一个人的态度和修养，它是站姿的延续动作，也是一个人的气质体现。

走姿的分解动作

在行走时，上身基本保持站立的标准姿势，挺胸收腹，腰背笔直，两臂以身体为中心，前后自然摆，前摆约 35°，后摆约 15°，手掌朝向体内，起步时，身体稍向前倾，重心落前脚掌，膝盖伸直，脚尖向正前方伸出，双目平视，收颌，表情自然平和。

男生要步履雄健有力，不慌不忙，展现雄姿英发、英武刚健的阳刚之美，步幅一般在 50 厘米左右。

女生要步履轻捷优雅，步伐适中，不快不慢，展现出温柔、矫健的阴柔之美，步幅一般在 30 厘米左右。

四 中国古典舞——气息训练

（一）沉 气

双脚交叉盘坐，通过呼气，使气息下沉，感觉气沉丹田，以沉气带动腰椎从自然垂直状一节一节下压而形成胸微含，身微弯状，眼睛随沉气慢慢放松，气息要连贯均匀。

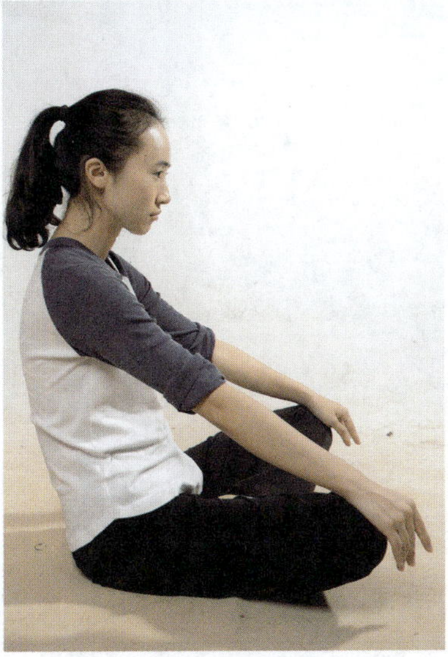

（二）提 气

双脚交叉盘坐，在沉的基础上，感觉气由丹田提至胸腔，同时以胸之力带动腰椎从微弯状一节一节直立，感觉头顶虚空，提至胸腔之气不能憋住，随着头顶虚空而感觉不断向上延伸，气息要连贯均匀。

五　中国民族民间舞——傣族舞基本手位动作（三）

（一）三位手

双手抬至头顶，手背相对，手指间冲上。

（二）大三位手

双手伸直在肩部斜前方，手背冲上。

（三）四位手

一手在三位手，一手在二位手。

注：所有的手位都是在掌式的基础上完成。

★技能训练

训练计划（时间：140 分钟）

序　号	训练内容	动作名称	训练要求	训练时间	建议音乐	备　注
1	力量训练	俯卧月牙起	集体训练	30 分钟	无	
		立式大回环				

续　表

序　号	训练内容	动作名称	训练要求	训练时间	建议音乐	备　注
2	芭蕾	吸、伸腿练习	集体训练	20 分钟	3/4 拍音乐	
3	基本形态	走姿	分组训练	30 分钟	2/4 拍 中速，平稳的	
4	中国 古典舞	沉气	分组训练	40 分钟	2/4 拍 中速，平稳的	
		提气				
		沉、提、冲、靠				
5	傣族舞 手位	三位手	分组训练	20 分钟	2/4 拍 舒缓的	
		大三位手				
		四位手				

一　力量训练

（一）俯卧月牙起

1. 动作要求：

（1）身体上升过程中，四肢要尽量向上抬高；

（2）身体下降时，动作要缓慢，手掌和脚掌距离地面约 2 厘米处停住，继续下一动作。

2. 训练计划：每组动作 10 次，重复 3 组，每组间隔 20 秒。

（二）立式大回环

1. 动作要求：

（1）一个 8 拍绕圆一周，前四拍吸气身体由下至上运动，后四拍呼气身体由上至下运动。

（2）双手运动轨迹形成一个圆形，身体绕圆动作连贯，速度缓慢。

2. 训练计划：左右各环绕 2 圈为一组，重复 2 组。

二　芭蕾形体——吸、伸腿的练习

（一）动作要求

腰部往地面贴，4 点正，绷脚趾尖、脚趾尖沿地面贴主力腿，小脚趾头贴在膝盖下沿的窝处，膝盖、大腿不动（动力腿），脚背带着小腿向远、向上，腿伸直成45°，向下落时腿的力量继续伸到脚趾尖，用脚趾尖带着向远、向下落在地面。

主力腿：腿的力量向远伸到脚趾尖，紧贴地面，臀部贴地面，膝盖和大腿不动为支撑。

（二）注意事项

上身保持4点正、腿伸直。

（三）训练计划

建议使用3/4拍音乐，放慢节奏练习。

三 走姿训练

（一）动作要求

1-8 保持准备姿势，双手自然下垂置于身体两侧。自然均匀呼吸，右脚向前点地，左臂往前下斜举，右臂后下斜举。

2-8 同上（1-8动作）。

3-8 换左脚擦地前点地，右臂前下斜举，左臂后下斜举。

4-8 同上（3-8动作）。

（二）注意事项

上身保持正直，收腹挺胸，面带微笑，做左右下斜举臂与前移重心动作时要协调。

（三）训练计划

建议教师准备5分钟之内的轻音乐，配合组合训练。

四 中国古典舞——气息训练（一）

（一）动作名称

1. 沉气。

2. 提气。

（1）1-8拍 提气（由丹田开始发力慢慢使气体进入腹部、胸腔、肩部、头顶，气息连贯）。

（2）1－8 拍 沉气（从头顶开始慢慢吐气到丹田）。

（3）1－8 拍 提气。

（4）1－8 拍 沉气。

（5）1－4 拍 提气。

5－8 拍 沉气。

（6）1－4 拍 提气。

5－8 拍 沉气。

（二）动作要求

保持正确的体态，注意组合中体态、动作、节奏的准确性。

（三）注意事项

气息要连贯均匀，要按照节奏的要求进行提气和沉气。

（四）训练计划

1. 建议音乐：2/4 拍，中速，平稳的。
2. 分组建议：分组练习每组 5 个同学，共练习 3 组。
3. 训练要求：

（1）注意动作之间的连续性。

（2）教师检查每位同学的体态、动作、节奏是否准确。

五　傣族舞基本手位动作

（一）动作名称

1. 三位手。
2. 大三位手。
3. 四位手。

（二）注意事项

保持正确的体态，注意手形、手位的准确到位。

（三）训练计划

1. 建议音乐：节奏舒缓的 2/4 拍音乐。

2. 分组建议：分组练习，每组 5 个同学，共练习 2 组。

3. 训练要求：

（1）每个动作 4 个 8 拍。

（2）动作要准确到位，教师检查每位同学的体态和手位是否准确。

★学习评价

学生形体礼仪训练评价表

班级：　　　　　　　　姓名：　　　　　　　　学号：

标　准	优	良	中	差	教师综合评价
考勤管理					
课堂纪律					
理论知识学习					
训练表现					
训练任务掌握程度					
课后训练					

注：教师可参照附表的评分标准为学生评定成绩，并在相应的成绩栏打“√”。

任务九　柔韧基础训练（一）

★学习内容

一　力量训练

（一）卷腹训练

身体仰卧于地面，双腿屈膝，脚掌着地，双脚相距一脚宽，双臂伸直置于腹部。吸气身体向上卷，手掌沿大腿正面向膝盖方向滑动，直至指尖触碰膝盖最高点；呼气慢慢放低身体还原。

（二）桥式拉伸

身体仰卧于地面，双腿屈膝，脚掌着地，双脚相距一脚宽，双臂自然放置于体侧。吸气顶髋顶胯，将整个腹部向上提起，保持3秒，呼气缓缓将身体放下。

二　芭蕾形体——踢腿（前腿）

准备：4 拍。仰卧，两腿张开，伸直并拢，绷脚背。

（1）1 右腿向上（前）提 90°。

2 回落原位。

3－4 停住。

5－8 踢左腿，同上。

（2）1－8 重复以上动作。

三　基本形态训练——走姿（二）

（一）行走连续动作

要求上体正直，自然挺胸，目视前方，用前脚掌着地并蹬离地面，两臂自然前后摆动，对着前方一定目标走步，走得放松、自然、协调。

（二）步度控制

男生的步幅一般在 50 厘米左右，每分钟 108 ~ 118 步。女生的步幅一般在 30 厘米左右，每分钟 118 ~ 120 步。

四　中国民族民间舞——傣族舞基本手位动作（四）

（一）五位手

一手在三位手，一手在七位手（七位手掌心冲外）。

（二）六位手

一手在二位手（手背冲旁），一手在七位手（手背冲前）。

（三）七位手

双手平行伸直，掌心冲旁。

注：所有的手位都是在掌式的基础上完成。

★技能训练

训练计划（训练时间：110 分钟）

序　号	训练内容	动作名称	训练要求	训练时间	建议音乐	备　注
1	力量训练	卷腹训练	集体训练	30 分钟		
		桥式拉伸				
2	芭蕾	踢腿（前腿）	集体训练	20 分钟	4/4 拍音乐	
3	基本形态	走姿	分组训练	20 分钟	2/4 拍 中速，平稳的	
4	中国 古典舞	沉提冲靠	分组训练	20 分钟	2/4 拍 中速，平稳的	复习
5	傣族舞 手位	五位手	分组训练	20 分钟	2/4 拍 舒缓的	
		六位手				
		七位手				

一　力量训练

（一）卷腹训练

1. 动作要求：

（1）注意力集中于小腹发力的状态。

（2）双臂始终保持伸直。

（3）下沉时，动作要缓慢，肩部不接触地面，继续下一动作。

2. 训练计划：每组 10 次，重复 3 组，每组间隔 20 秒。

（二）桥式拉伸

1. 动作要求：

（1）动作要与呼吸节奏保持一致。

（2）腹部收紧发力，尽量不要通过手臂发力支撑。

2. 训练计划：每次训练 5 个动作，每个动作间隔 3 秒。

二　芭蕾形体——踢腿（前腿）

（一）动作要求

快上、往远往上、速度快。脚趾尖带着向远的点，主力腿保持外开，臀部落地，力量延伸到脚趾尖，紧贴地面。

（二）训练计划

建议 4/4 拍音乐，先练一条腿，再换另一条腿，分组进行练习。

三　走姿训练

（一）动作要求

动作过程与行走连续动作练习动作过程相同，只是行走时，需要对步度进行控制，男生每步 40 厘米，女生每步 30 厘米，一拍一步，反复进行练习。

1－8 迈出左脚，右脚蹬地，重心前移至左脚，形成右后点地。

2－8 交替换右脚向前迈出，左脚蹬地，重心前移至右脚，形成左后点地。

3－8 保持体态，速度加快一倍做 1－8 动作。

4－8 保持体态，速度加快一倍做 2－8 动作。

（二）注意事项

行走动作时，上身始终保持端直，收腹挺胸，注意随着重心的不断前移，身体姿态不断变化。严格控制步度，形成标准的走姿。始终保持上体端直，收腹挺胸、开肩梗颈并且保持目光平视，面带微笑。

（三）训练计划

建议教师准备 5 分钟之内的轻音乐，配合组合训练。

四　中国古典舞——气息训练（一）

按照中国古典舞气息训练（一）的要求进行复习训练。

五　傣族基本手位动作

（一）动作名称

1. 五位手。
2. 六位手。
3. 七位手。

（二）注意事项

保持正确的体态，注意手形、手位的准确性。

（三）训练计划

1. 建议音乐：节奏舒缓的 2/4 拍音乐。
2. 分组建议：分组练习，每组 5 个同学，共练习 2 组。
3. 训练要求：

（1）每个动作 4 个 8 拍。

（2）动作要准确到位，教师检查每位同学的手位是否到位。

★学习评价

学生形体礼仪训练评价表

班级：　　　　　　　　姓名：　　　　　　　　学号：

标　准	优	良	中	差	教师综合评价
考勤管理					
课堂纪律					
理论知识学习					
训练表现					
训练任务掌握程度					
课后训练					

注：教师可参照附表的评分标准为学生评定成绩，并在相应的成绩栏打“√”。

任务十　柔韧基础训练（二）

★学习内容

一　力量训练

（一）空中踢腿

身体仰卧于地面，双手向两侧展开，双腿并拢，绷脚尖。吸气，双腿同时迅速向上抬起，与身体成90°，停留3秒；右腿下降45°，左腿保持不动，双腿交替动作两次；并腿还原90°，保持3秒，呼气，缓缓将双腿放下。

（二）猫式拉伸

身体跪撑于地面，双腿并拢，手掌分开与肩同宽，五指张开贴紧地面。呼气曲体，腰部尽量上提，眼睛看肚脐，保持3个呼吸；吸气打开，腰部下沉，头部和臀部尽量上提，保持3个呼吸。

二　芭蕾形体——结束卧姿及腰背训练

（一）按以下程序转位俯卧地面

1. 保持上一任务练习结束的卧姿。

2. 身体和腿向右滚 180°，背部朝上，俯卧在地面上，两腿伸直并拢，绷脚背，臂在地上向前伸直（与肩同宽），手心向下。

（二）腰背肌练习

准备：（4 拍）俯卧在地面上，腿转开不动。

（1）1 两臂、头、肩和胸，以及两腿同时离地向上抬起。

2 回落原位。

3 – 8 重复三次。

（2）1 – 2 右手抓左脚脚背。

3 – 4 左手抓右脚脚背。

5 – 8 两手和两脚同时伸直，抬头，弯腰。最后松手，回到准备时的姿势。

三　基本形态训练——坐姿

坐姿通常是指人体在坐着时候的姿态。正确的坐姿，除了遵循以下技巧摆放双腿外，还应时时保持上半身挺直的姿势，也就是颈、胸、腰都要保持平直。在人们的生活和工作中，坐姿也是一种重要的动作姿态，它能反映出人的气质、风度和教养。

（一）入座姿势

女生双脚成“V”形，男生双脚平行、开立，双脚距离与肩同宽。保持站立时的基本姿态，双目平视正前方，面带微笑。

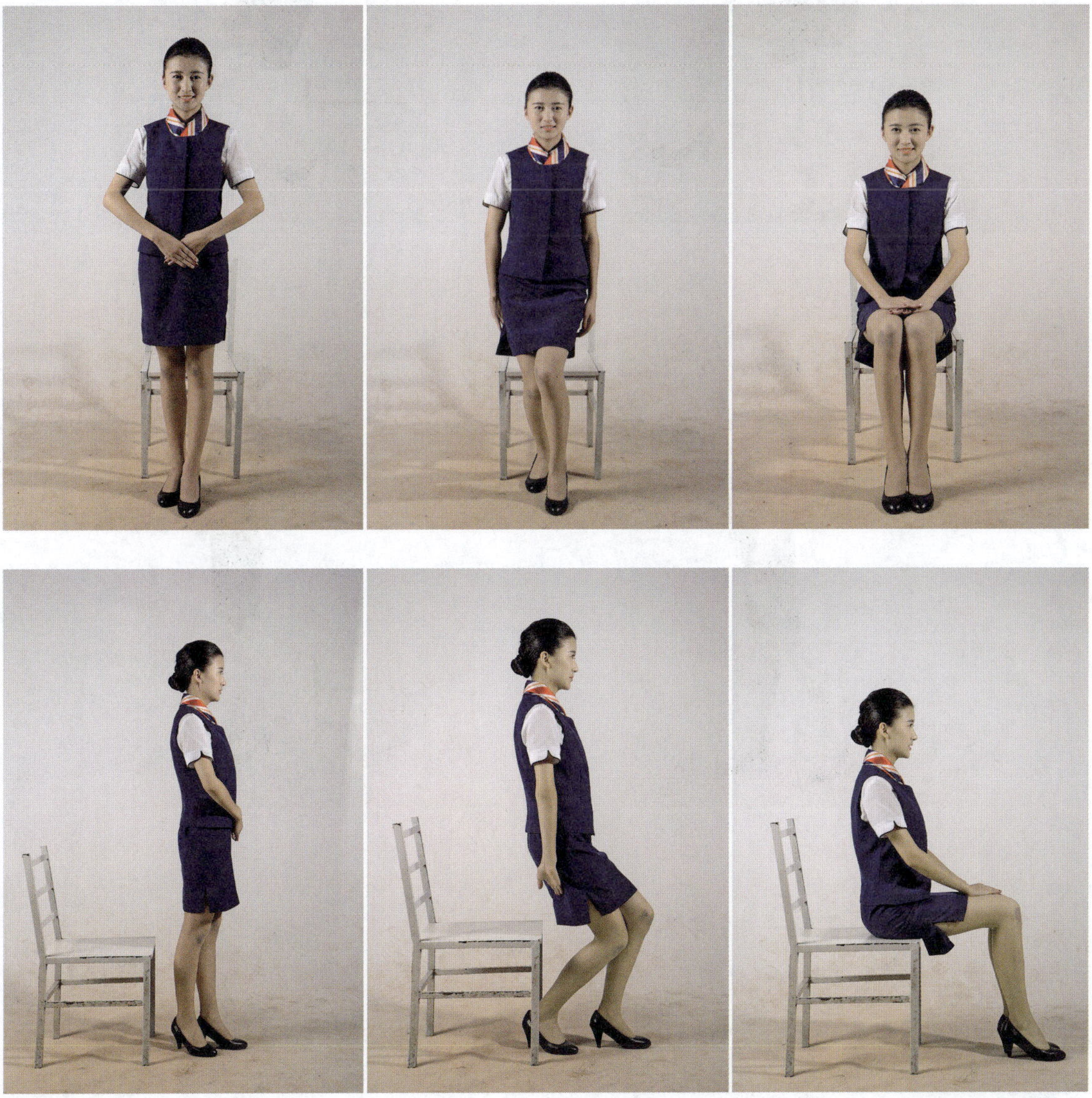

（二）起立姿势

女生双手交叉置于腹前，双膝并拢，坐于椅上，上身端直，眼睛平视正前方；男生双脚并拢，双膝略微打开，双手置于左右腿上或是椅子扶手上，双目平视正前方。

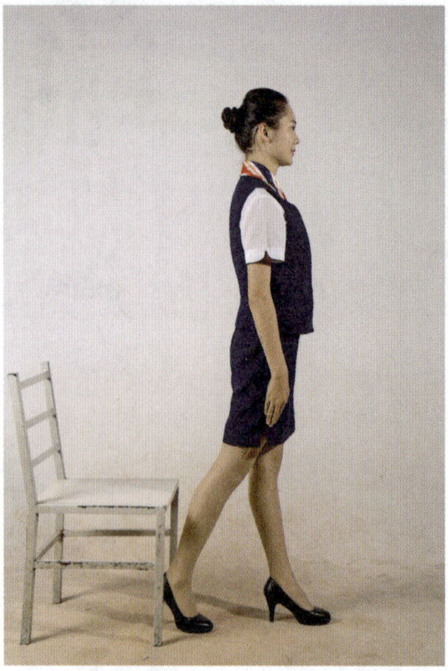

四　中国古典舞——横移训练

双脚交叉盘坐，先进行提气，在沉气的基础上身体肋骨同时向右侧横移，注意肋骨、肩膀是横向移动向右，臀部在地面不动，头部是随肋骨、肩膀动作而带动，切记不是主动用力。反面同样的要求。

提、沉、冲、靠、横移组合：

（1）1－4 提气，5－8 沉气向右横移。

（2）1－4 提气回到正前方，5－8 沉气。

（3）1－4 提气，5－8 沉气向左横移。

（4）1－4 提气回到正前方，5－8 沉气。

五　中国民族民间舞——傣族舞基本手位动作（五）

（一）小七位手

双手在胯的斜前方，手背冲上。

（二）一二手位

一手在前一位，一手在二位。

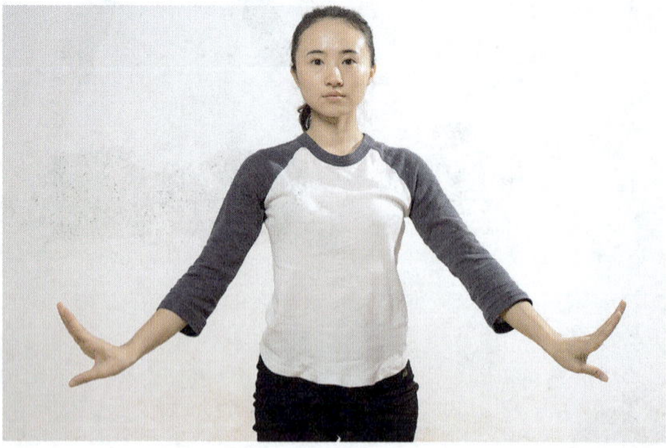

注：所有的手位都是在掌式的基础上完成。

★技能训练

训练计划（时间：105 分钟）

序　号	训练内容	动作名称	训练要求	训练时间	建议音乐	备　注
1	力量训练	空中踢腿	集体训练	30 分钟	无	
		猫式拉伸				
2	芭蕾	腰背肌练习	集体训练	15 分钟	3/4 拍音乐	
3	基本形态	坐姿训练	分组训练	20 分钟	2/4 拍 中速，平稳的	
4	中国 古典舞	横移	分组训练	20 分钟	2/4 拍 中速，平稳的	
		沉、提、冲、 靠、横移组合				
5	傣族舞 手位	小七位手	分组训练	20 分钟	2/4 拍 舒缓的	
		一二手位				

一 力量训练

（一）空中踢腿

1. 动作要求：

（1）动作过程保持收紧腹部，上腹发力。

（2）下降时，速度要慢，当双脚即将到达地面时停住，继续下一动作。

2. 训练计划：双腿上升和下降为 1 次动作，每次训练 10 次。

（二）猫式拉伸

1. 动作要求：

（1）动作要缓慢，配合呼吸节奏。

（2）抬头过程尽量拉伸颈部。

2. 训练计划：每次训练 5 个动作，每个动作之间没有间隔。

二 芭蕾形体——腰背肌练习

（一）动作要求

两腿转开趴在地面上，发力点先往远再往上，空中时后腿膝盖不能弯、并紧，落下时有控制地落在地面上。

（二）训练计划

分组进行练习，建议使用 3/4 拍音乐。

三 坐姿训练

（一）动作要求

1－8 右脚退后半步，女生双手捋裙坐下，男生同样动作坐下（除去捋裙动作），坐下之后收回左脚，与右脚相并靠拢。

2－8 同上（1－8 动作）保持坐姿动作。

3－8 左脚向前移动半步，右脚蹬地起身，重心移至右脚，收回左脚，男生双脚开立，重心移至双脚之间，女生双脚成“V”形。

4－8 同上（1－8 动作）保持站姿动作。

（二）注意事项

女生捋裙动作要优雅得体，不可坐满椅，只坐椅子的 2/3，也不可坐 1/3，男生可坐满椅。坐上椅子后，上体要端直，女生双膝并拢，双手交叉置于小腹前，男生双膝可略开一拳距离，双手分别置左右腿上或左右扶手上。

在做坐姿或是站立姿态的时候，上身始终保持直立。从坐姿到起身站立时，要注意重心的移动过程。

（三）训练计划

建议教师准备 5 分钟之内的轻音乐，配合组合训练。

四　中国古典舞——横移训练

（一）动作名称

横移。

（二）动作要求

保持正确的体态，注意组合中体态、动作、节奏的准确性。

（三）注意事项

横移注意是肋骨的移动，切记不要用肩膀完成动作。

（四）训练计划

1. 建议音乐：2/4 拍，中速，平稳的。
2. 分组建议：分组练习，每组 5 个同学，共练习 3 组。
3. 训练要求：

（1）注意动作之间的连接性。

（2）教师检查每位同学的体态、动作、节奏是否准确。

五　傣族基本手位

（一）动作名称

1. 小七位手。

2. 一二手位。

（二）注意事项

保持正确的体态，注意手形、手位的准确性。

（三）训练计划

1. 建议音乐：节奏舒缓的2/4拍音乐。

2. 分组建议：分组练习，每组5个同学，4个8拍为一组，共练习3组。

3. 训练要求：

（1）每个动作4个8拍。

（2）教师检查每位同学的手位是否准确。

★学习评价

学生形体礼仪训练评价表

班级：　　　　　　　　　　姓名：　　　　　　　　　　学号：

标　准	优	良	中	差	教师综合评价
考勤管理					
课堂纪律					
理论知识学习					
训练表现					
训练任务掌握程度					
课后训练					

注：教师可参照附表的评分标准为学生评定成绩，并在相应的成绩栏打“√”。

任务十一　柔韧基础训练（三）

★学习内容

一　力量训练

（一）平板支撑

身体俯卧，双肘弯曲，双手抱拳，使双肘和拳形成三角形支撑于地面上；双脚踩地，身体离开地面，躯干伸直，头部、肩部、胯部和踝部保持在同一平面，腹肌收紧，盆底肌收紧，脊椎延长，眼睛看向地面，保持均匀呼吸。如能力强者，可将双臂伸直撑于地面，抬高上身。

（二）跪式吸腿

身体跪撑于地面，双腿并拢，手掌分开与肩同宽，五指张开贴紧地面。吸气低头，左腿收到腹部，右腿保持不动，支持身体；呼气抬头，左腿向后伸直，使身体形成直线。每条腿单独训练，训练结束换另一条腿。

二　芭蕾形体——跑跳步

单一练习。

准备：4 拍。两手叉腰，两腿自然位，站在 6 点方向，面向 2 点方向，向前看。最后二拍，右脚向前伸出，脚尖点地。

（1）1－8 第一个人，每拍一步，向 2 点方向斜线跳。

（2）1－8 第二个人接着做，同上。

（3）－（6）其余的人接着做，同上（也可以每次两个人同时做）。

三　基本形态训练——端坐式坐姿

端坐式坐姿要求：上身端直稍微向前，立腰，收紧双膝，双手交握置于腹前，双腿垂直于地面。

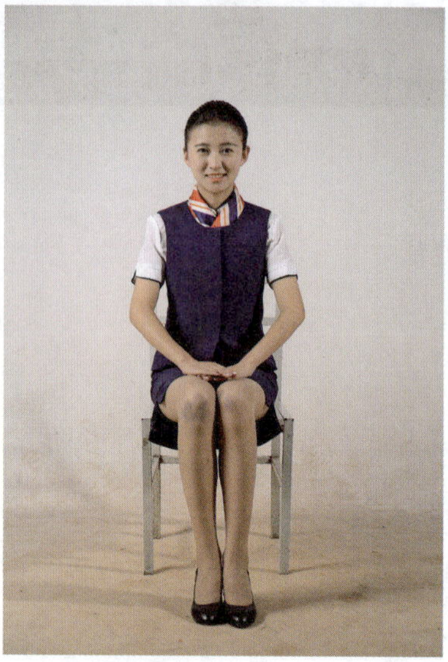

日常生活中，不雅的坐姿习惯除了影响美观之外，还会影响我们的身体状况，因此，我们要尽量避免不雅坐姿。例如：

（一）坐立不可双腿直腿前伸

(二) 坐立不可双腿分开过大

(三) 坐立不可单腿旁坐

四 中国古典舞——气息训练(二)

(一) 前 冲

双脚交叉盘坐，先进行提气，在沉气的基础上，用双肩和胸大肌向1点方向水平冲出，肩与地面保持水平线。

（二）旁　冲

双脚交叉盘坐，先进行提气，在沉气的基础上，用肩的外侧和胸大肌向 8 点或 2 点水平冲出，肩与地面保持水平线，切记上身不要向前倾倒，感觉腰侧肌拉长，头与肩相反，肩向左冲，头略向右偏，眼和冲的方向一致，反面同样的练习。

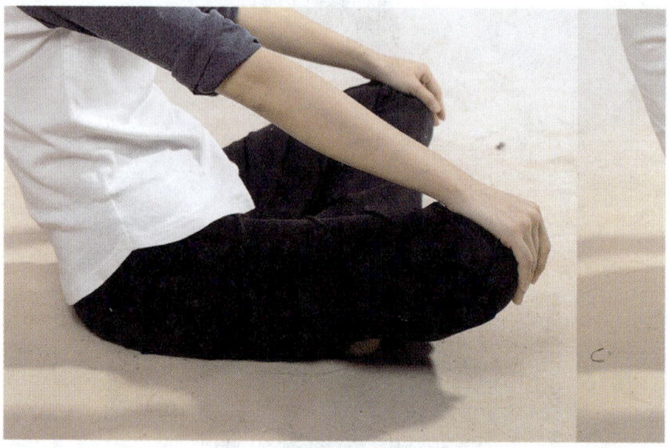

（三）靠

双脚交叉盘坐，先进行提气，在沉气的基础上，感觉前肋往里收，后背侧肌拉长，要求肩与地面保持水平拉出，决不能有躺倒之感，头及颈部略向下梗。要加强胸腔的内收，双肩向里合挤，腰椎形成弓形，空胸低头。

五　中国民族民间舞——傣族舞手位组合片段（一）

（1）－（3）不动。

（4）1－4 双手从旁慢慢到七位手，同时臀部慢慢离开脚后跟，双腿膝盖跪地。

5－8 双手从七位慢慢举至头顶，双手合十。

（5）1－4 双手合十慢慢到胸前，双膝慢慢向下，臀部坐在脚后跟。

5－8 双手慢慢向下还原到双手后背。

1－2 双手一位屈掌。

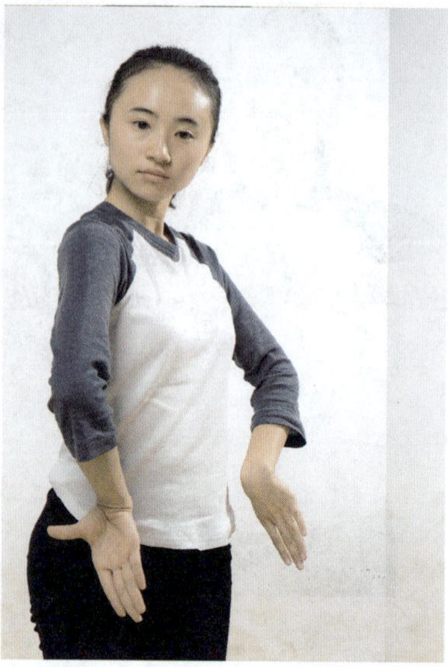

3－4 双手掌式左侧一位手。

5－6 双手一位屈掌。

7－8 双手掌式右侧一位手。

★技能训练

训练计划（时间：150 分钟）

序　号	训练内容	动作名称	训练要求	训练时间	建议音乐	备　注
1	力量训练	平板支撑	集体训练	30 分钟	无	
		跪式吸腿				
2	芭蕾	跑步跳	集体训练	20 分钟	2/4 拍音乐	
3	基本形态	端坐式 坐姿训练	集体训练	20 分钟	2/4 拍 中速，平稳的	
4	中国 古典舞	沉、提、冲、 靠、横移组合	分组训练	50 分钟	2/4 拍 中速，平稳的	
5	傣族舞 手位	手位组合 片段	分组训练	30 分钟	2/4 拍 舒缓的	

一　力量训练

（一）平板支撑

1. 动作要求：

（1）动作过程始终保持腹部、臀部收紧，使身体成为直线。

（2）男生训练时，可将双手伸直，将身体抬高。

2. 训练计划：每组动作保持 30 秒，每次训练 3 组，每组间隔 10 秒。

（二）跪式吸腿

1. 动作要求：

（1）动作过程保持腹部收紧，动作缓慢进行，配合呼吸节奏。

（2）收腿时，脚尖往回勾，伸腿时，脚尖绷直。

2. 训练计划：每条腿各动作 10 次，两腿交替完成为 1 组，每次训练 2 组，每组间隔 20 秒。

二　芭蕾形体——跑步跳

（一）动作要求

动力腿吸起来绷脚趾尖，贴在主力腿，主力腿要有推地、绷脚的力量、4 点正，后背收紧。

（二）训练计划

建议 2/4 拍音乐，按照以上步骤，对着正前方跳，行进起来，不在原地，在斜线。

三　端坐式坐姿训练

（一）动作要求

1－8 左脚向前移动半步，右脚蹬地起身，重心移至右脚，收回左脚，男生双脚开立，重心移至双脚之间，女生双脚成“V”形。

2－8 同上（1－8 动作）保持站姿姿态。

3－8 同上（1－8 动作）保持站姿动作。

4－8 同上（1－8 动作）保持站姿动作。

（二）注意事项

在做坐姿或是站立姿态的时候，上身始终保持直立。从坐姿到起身站立时，要注意重心的移动过程。

（三）训练计划

建议教师准备 5 分钟之内的轻音乐，配合组合训练。

四　中国古典舞——气息训练（二）

（一）练习动作

（1）1－4 提气，5－8 前冲。

（2）1－4 提气，上身回到正前方，5－8 沉气。

（3）1－4 提气，5－8 后靠。

（4）1－4 提气，上身回到正前方，5－8 沉气。

（5）1－4 提气，5－8 沉气向右横移。

（6）1－4 提气回到正前方，5－8 沉气。

（7）1－4 提气，5－8 沉气向左横移。

（8）1－4 提气回到正前方，5－8 沉气。

（二）动作要求

保持正确的体态，注意组合中体态、动作、节奏的准确性。

（三）注意事项

前冲时需要用胸腔带动向前冲，后靠时切记不要扣胸。

（四）训练计划

1. 建议音乐：2/4 拍，中速，平稳的。
2. 分组建议：分组练习，每组 5 个同学，共练习 3 组。
3. 训练要求：

（1）注意动作之间的连接性。

（2）教师检查每位同学的体态、动作、节奏是否准确。

五　傣族舞手位组合片段（一）

（一）动作要求

保持正确的体态，注意组合中动作、节奏的准确性。

（二）注意事项

双手合十到头顶时注意不要耸肩。

（三）训练计划

1. 建议音乐：节奏舒缓的 2/4 拍音乐。
2. 分组建议：分组练习，每组 5 个同学，共练习 3 组。
3. 训练要求：

（1）注意动作之间的连接性。

（2）教师检查每位同学的体态、动作、节奏是否准确。

★学习评价

学生形体礼仪训练评价表

班级：　　　　　　　　　　　姓名：　　　　　　　　　　　学号：

标　准	优	良	中	差	教师综合评价
考勤管理					
课堂纪律					
理论知识学习					
训练表现					
训练任务掌握程度					
课后训练					

注：教师可参照附表的评分标准为学生评定成绩，并在相应的成绩栏打“√”。

任务十二　柔韧基础训练（四）

★学习内容

一　力量训练

（一）箭步蹲

身体站立，双腿打开与肩同宽，脚尖正对前方，挺胸收腹，眼睛平视前方。

上身保持直立，左脚向前跨一步，呼气下蹲，左腿大腿与地面平行，小腿垂直于地面，大小腿成 90°，脚尖正对前方；右腿大腿垂直于地面，小腿与地面平行，大小腿成 90°；吸气站立，右腿保持位置不变。重复 10 次后，左腿向右腿靠拢收回站稳，反方向重复。

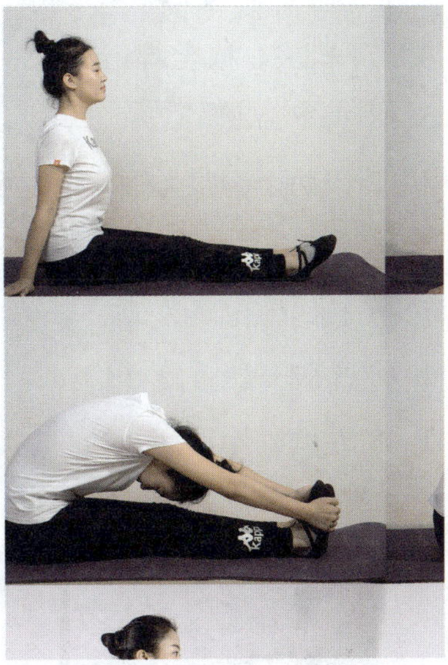

（二）坐式压腿

身体坐于地面上，双腿并拢伸直，勾脚，双手握住脚趾。呼气时，身体向下，将胸部尽量靠近大腿，保持 3 个呼吸；吸气时缓缓放松还原。

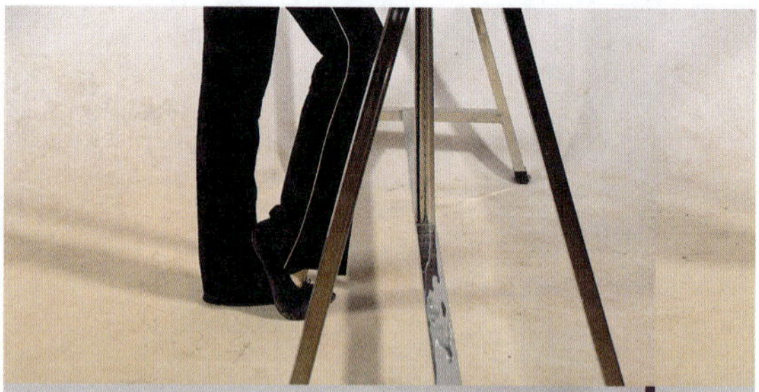

二 芭蕾形体——扶把练习（脚）

准备：4 拍。双手扶把，两脚正步。

（1）1 右脚在原地抬脚跟，绷脚背，脚掌着地，成半脚尖，膝盖自然弯曲。

2 右脚掌推离地面，成脚尖点地。

3 推下脚掌，成半脚尖。

4 推下脚尖，成全脚正步。

5－8 重复一次。

（2）1－2 以两个脚跟为轴，两腿和脚尖向外转开，成一位。

3－6 停。

7－8 转回原位。

（3）1－8 左脚开始重复（1）1－8 动作。

（4）1－8 左脚开始重复（2）1－8 动作。

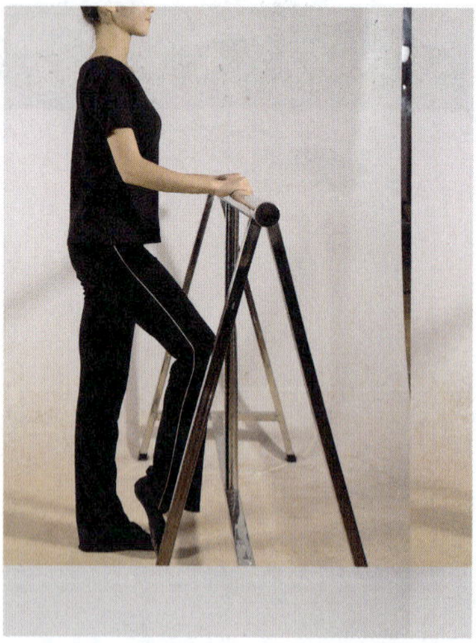

三　基本形态训练——女士优雅坐姿

女性优雅的坐姿，不仅能展现女性的形体美，在不同的社交场合和社会生活中给人留下文雅稳重、自然大方的美感，更能展现女性的优雅气质之美。

（一）双脚侧点式坐姿

上身端直稍微向前，立腰，收紧双膝，双手交握置于腹前，脚尖内侧着地，双脚脚跟离开地面。

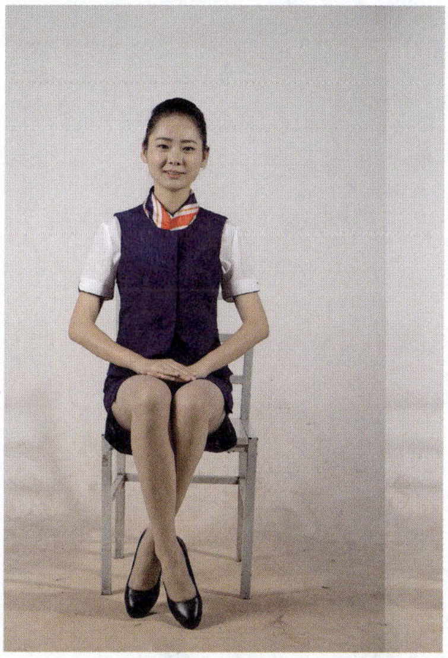

（二）双脚交叉式坐姿

上身端直稍微向前，立腰，收紧双膝，双手交握置于腹前，左右大腿紧靠，双腿交叉脚尖着地。

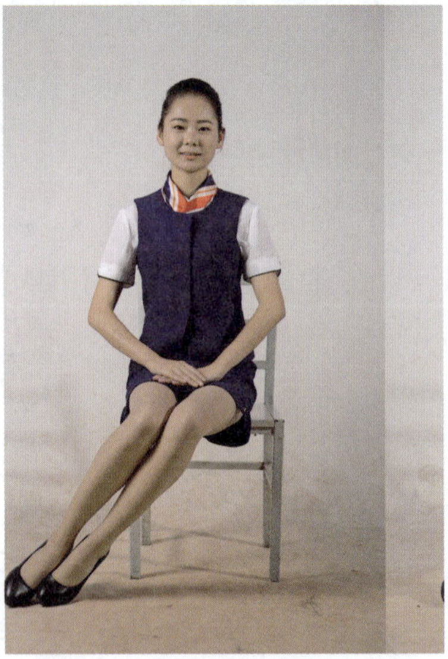

（三）侧身双腿并拢式坐姿

上身端直，不可靠背椅，双手交握置于腹前，左小腿收于右小腿前，双腿紧闭。双脚脚尖内侧着地。双脚脚跟抬起。

四　中国民族民间舞——傣族舞手位组合片段（二）

（1）1－2 双手一位屈掌（图一）。

3－4 双手掌式旁一位手（图二）。

5－6 双手一位屈掌。

7－8 双手掌式后一位手。

（2）1－2 双手一位屈掌。

3－8 双手掌式里二位手（图三）。

（3）1－2 双手一位屈掌。

3－8 双手掌式二位手。

（4）1－2 双手一位屈掌。

3－8 双手掌式三位手（图四）。

（5）1－2 双手一位屈掌。

3－8 双手掌式大三位手，臀部离开脚后跟，双膝跪地（图五）。

（6）1－2 双手一位屈掌，臀部坐在脚后跟上。

3－8 双手掌式正面四位手（图六）。

（7）1－2 双手一位屈掌。

3－8 双手掌式反面四位手。

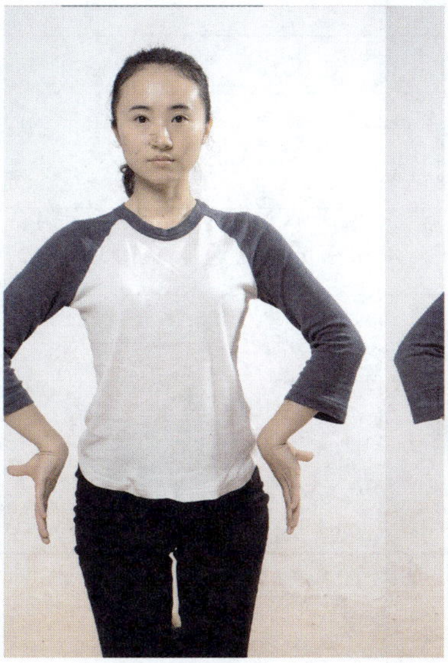

图一

图二

图三

图四

图五

图六

★技能训练

训练计划（时间：125 分钟）

序　号	训练内容	动作名称	训练要求	训练时间	建议音乐	备　注
1	力量训练	箭步蹲	集体训练	30 分钟	无	
		坐式压腿				
2	芭蕾	扶把练习（脚）	集体训练	15 分钟	4/4 拍，中速	
3	基本形态	女士 优雅坐姿	分组训练	20 分钟	无	
4	中国 古典舞	沉、提、冲、 靠、横移组合	分组训练	40 分钟	2/4 拍 中速，平稳的	复习
5	傣族舞 手位	手位组合 片段	分组训练	20 分钟	2/4 拍 舒缓的	

一　力量训练

（一）箭步蹲

1. 动作要求：

（1）动作过程始终保持上身直立。

（2）下蹲时，双腿的大小腿保持 90°，位于身体后侧的膝盖与地面保持一定距离，不要接触地面。

（3）为保证动作的标准，开始训练时，请保持慢速训练，动作熟练后，可加速训练。

2. 训练计划：双腿各完成10次下蹲动作为1组，每次3组，每组间隔15秒。

（二）坐式压腿

1. 动作要求：

（1）动作过程始终保持膝盖伸直。

（2）身体向下时，尽量用胸腹部贴近双腿，不要过度低头。

（3）初练者，如不能握住脚趾，可先握住脚踝训练。

2. 训练计划：压腿10次为一组，每组最后一次保持下压动作5个呼吸，每次训练3组。

二　芭蕾形体训练——扶把练习（脚）

（一）动作要求

手腕下沉，胳膊肘自然下垂，两手与肩膀同宽，手与身体10厘米距离。

（二）训练计划

建议使用4/4拍音乐，重心放在脚掌上，半脚掌用力，脚的力量分布在5个脚趾头上，脚掌紧贴地面，脚后跟有力量地往后推起，脚背绷到顶，5个脚趾头要有抓的力量，脚掌推地，脚尖轻轻点在地面上。

分步骤进行练习：（1）半脚掌的练习（抓地）。

（2）转腿。

三　女士优雅坐姿训练

建议教师准备5分钟之内的轻音乐，配合组合训练。

四　中国古典舞——气息训练（一）（二）

复习气息训练（一）（二）。

五　傣族舞基础手位组合

（一）动作要求

注意每个手位之间的动作转换。

（二）注意事项

保持正确的体态，注意组合中动作、节奏的准确性。

（三）训练计划

1. 建议音乐：节奏舒缓的2/4拍音乐。

2. 分组建议：分组练习，每组5个同学，共练习3组。

3. 训练要求：

（1）注意动作之间的连接性。

（2）教师检查每位同学的体态、动作、节奏是否准确。

★学习评价

学生形体礼仪训练评价表

班级：　　　　　　　　　　姓名：　　　　　　　　　　学号：

标　准	优	良	中	差	教师综合评价
考勤管理					
课堂纪律					
理论知识学习					
训练表现					
训练任务掌握程度					
课后训练					

注：教师可参照附表的评分标准为学生评定成绩，并在相应的成绩栏打“√”。

任务十三　表演性训练（一）

★学习内容

一　力量训练

（一）静止式深蹲

身体站立，双腿打开与肩同宽，脚尖正对前方，挺胸收腹，眼睛平视前方。

双臂向身体正前方抬起，与地面平行，手掌打开，掌心向下，吸气慢慢下蹲，臀部上提，大腿与地面平行，保持 30 秒，呼气起身。

（二）三角式拉伸

双腿分开与肩同宽，身体向下曲体，手臂伸直，手掌打开紧贴地面，撑起身体，臀部尽量向上提起，保持腿部伸直，使手、脚、臀连成一个三角形。吸气时踮起脚尖，呼气时落下脚跟，并使脚跟紧贴地面，保持 3 秒。

二　芭蕾形体——扶把练习（半蹲）

准备：4 拍。双手扶把，两脚站一位。

（1）1－2 一位的 demi plie 蹲下去。

3－4 直起。

5－8 重复一次。

（2）1－2 右脚 battement tendu 向旁。

3－4 落脚跟，移重心，成二位。

5－8 停。

（3）1－8 二位的 demi plie 两个。

（4）1－2 左脚抬脚跟，移重心，成脚尖点地旁。

3－4 收回一位。

5－8 停。

三　基本形态训练——男士标准坐姿

在社交场合和社会生活中，男士标准、端正的坐姿，能给人留下沉稳、稳健的印象，在社交过程中也会产生一定的影响力。养成标准得体的坐姿习惯，能使人产生信赖，也能展现出男性的阳刚气质。

（一）标准式坐姿

上身挺直，双肩正平，两手自然放在大腿上，双膝开度不超过肩宽，上身可以背靠椅背。

（二）开膝合手式坐姿

上身端直，双手交握置于腹前，双腿垂直于地面，双脚并拢，双膝略分，距离不超过肩宽。

（三）双腿交叠式坐姿

上身挺直，双肩正平，两手自然放于扶手处，上身可以背靠椅背，右腿叠在左膝上部，右小腿内收贴向左腿，脚尖自然向下。

四　中国古典舞——提、沉、冲、靠、横移组合片段（一）

准备：盘腿 1 点方向坐，双手自然放在两腿膝盖上，气息自然，眼睛看向正前方。

准备拍：前 7 个 8 拍不动；1－4 拍提气；5－8 拍沉气。

（1）1－8 拍，提气（由丹田开始发力慢慢将气体进入腹部、胸腔、肩部、头顶，气息连贯）。

（2）1－8 拍，沉气（从头顶开始慢慢吐气到丹田）。

（3）1－8 拍，提气。

（4）1－8 拍，沉气。

（1）1－4 拍，提气。

5－8 拍，沉气。

（2）1－4 拍，提气。

5－8 拍，沉气。

（1）1－4 提气，5－8 沉气向右横移。

（2）1－4 提气回到正前方，5－8 沉气。

（3）1－4 提气，5－8 沉气向左横移。

（4）1－4 提气回到正前方，5－8 沉气。

（1）1－4 拍提气，双手从身后朝着各自的 2 点、8 点方向，同时向外延伸，掌心冲下，女生兰花指，男生掌形。

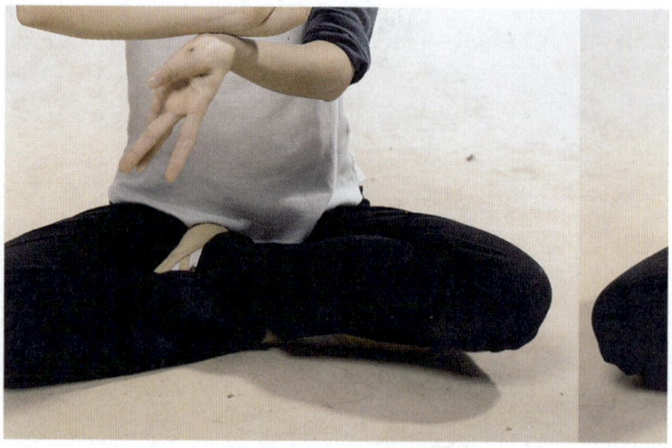

5－8 拍沉气，双手慢慢沿着刚才延伸的路线收回，双手后背。

（2）1－4 拍双手从身后朝着各自的 2 点、8 点方向，同时向外延伸，掌心冲下，女生兰花指，男生掌形。

5－8 拍沉气，双手手背慢慢相贴到胸前，女生兰花指，男生掌形。

（3）1－4 拍提气，双手绕小五花，女生兰花指，男生掌形。

5－6 拍保持提气，掌心冲上，双手从胸前慢慢交叉打开，在 2 点、8 点方向延伸手臂。

7－8 拍沉气，双手背回到身后。

★技能训练

训练计划（时间：135 分钟）

序　号	训练内容	动作名称	训练要求	训练时间	建议音乐	备　注
1	力量训练	静止式深蹲	集体训练	30 分钟	无	
		三角式拉伸				
2	芭蕾	扶把练习（半蹲）	集体训练	15 分钟	4/4 拍音乐	
3	基本形态	男士标准坐姿	分组训练	15 分钟	无	
4	中国古典舞	沉、提、冲、靠、横移组合	分组训练	45 分钟	2/4 拍中速，平稳的	复习
5	傣族舞手位	手位组合片段	分组训练	30 分钟	2/4 拍舒缓的	复习

一　力量训练

（一）静止式深蹲

1. 动作要求：

（1）下蹲时，膝盖不能超过脚尖。

（2）动作过程中，始终保持腰部挺直。

2. 训练计划：每组动作 10 次，重复 2 组，每组间隔 30 秒。

（二）三角式拉伸

1. 动作要求：动作过程中，头部与上身保持直线，不要抬头或低头。

2. 训练计划：每次训练重复 10 次。

二　芭蕾形体——扶把练习（DEMI PLIE 蹲）

（一）注意事项

蹲下的路线，外开，力量，速度、节奏，蹲下去的程度（位置），蹲下的时候不能有停顿。

（二）动作要求

外开：两膝盖始终对着两脚趾尖的方向。

力量：对抗的力量（膝盖往下，胯往上）。

速度：均匀的速度，蹲到后跟腱撑拉得撑不动的位置上，脚后跟不能离开地面，不要停顿，马上往上起来时大腿肌肉转开，脚往下踩，膝盖和腿的力量向上延伸，速度均匀，不断向上延伸、无止境。

（三）训练计划

建议使用 4/4 拍音乐，按照以上步骤进行练习。

三　男士标准坐姿训练

建议教师准备 5 分钟之内的轻音乐，配合组合训练。

四　中国古典舞——提、沉、冲、靠、横移组合片段（一）

（一）动作要求

保持正确的体态，注意组合中体态、动作、节奏的准确性。

（二）注意事项

保持气息的连贯均匀，练习小五花时要注重配合气息进行。

（三）训练计划

1. 建议音乐：2/4 拍，中速，平稳的。
2. 分组建议：分组练习，每组 5 个同学，共练习 3 组。
3. 训练要求：

（1）注意动作之间的连接性。

（2）教师检查每位同学的体态、动作、节奏是否准确。

五　傣族舞手位组合

复习傣族舞手位组合片段（一）（二）。

★学习评价

学生形体礼仪训练评价表

班级：　　　　　　　　　姓名：　　　　　　　　　学号：

标　准	优	良	中	差	教师综合评价
考勤管理					
课堂纪律					
理论知识学习					
训练表现					
训练任务掌握程度					
课后训练					

注：教师可参照附表的评分标准为学生评定成绩，并在相应的成绩栏打“√”。

任务十四　表演性训练（二）

★学习内容

一　力量训练

（一）深蹲跳

身体站立，双腿打开与肩同宽，脚尖正对前方，挺胸收腹，眼睛平视前方。

双臂向前伸出，与地面平行，吸气下蹲，保持深蹲动作要领，呼气起身，同时手臂向上抬起，身体站直向上跳。

（二）半莲花式拉伸

身体坐于地面，挺胸收腹，双腿向内收起，脚掌相对，双手握拳扣住脚尖，膝盖尽量靠近地面。

呼气身体向下曲体，背部挺直，尽量用胸部靠近脚掌，保持5秒，吸气慢慢坐直。

二　芭蕾形体——BATTEMENT TENDU（一位向旁做）

准备：4 拍。两脚站成一位，双手扶把。

（1）1 –2 右脚沿地面向旁做 battement tendu 伸出，成脚尖点地。

3 –4 沿地面收回原位。

5 –8 重复一次。

（2）1 –2 再伸出，成点地旁。

3 –4 落下脚掌和脚跟，成二位。

5 –6 移重心，成左脚尖点地旁。

7 –8 左脚收回一位。

（3）1 –8 从左脚开始，重复（1）1 –8 动作。

（4）1 –8 从左脚开始，重复（2）1 –8 动作。

三　基本形态训练——蹲姿（一）

蹲姿是人在处于静态时的一种特殊体位。蹲姿要领：下蹲时一脚在前，一脚在后，两腿向下蹲，前脚全着地，小腿基本垂直于地面，后脚脚跟提起，脚尖着地。女性应靠紧双腿，男性则可适度地将其分开。臀部向下，基本上以后腿支撑身体。

蹲姿在工作和生活中用得相对不多，但最容易出错。人们在拿取低处的物品或拾起落在地上的东西时，不妨使用下蹲和屈膝的动作，这样可以避免弯曲上身和撅起臀部，尤其是着裙装的女士下蹲时，稍不注意就会露出内衣，很不雅观。

1. 下蹲拾物时，应自然、得体、大方，不遮遮掩掩。
2. 下蹲时，两腿合力支撑身体，避免滑倒。
3. 下蹲时，应使头、胸、膝关节在一个角度上，使蹲姿优美。
4. 女士无论采用哪种蹲姿，都要将腿靠紧，臀部向下。

四　中国古典舞——提、沉、冲、靠、横移组合片段（二）

（1）1－4 提气，双手直接从身后到胸前，手背相贴绕小五花。

5－8 在小五花上沉气。

（2）1 –4 提气，在额头斜前方绕小五花。

5 –8 小五花上沉气。

（3）1 –4 提气，头顶绕小五花。

5 –8 在小五花上沉气。

五　中国民族民间舞——傣族舞手位组合片段（三）

（1）1 –2 双手一位屈掌。

3 – 8 双手掌式正面五位手。

（2）1 – 2 双手一位屈掌。

3 – 8 双手掌式反面五位手。

（3）1 – 2 双手一位屈掌。

3 – 8 双手掌式正面六位手。

（4）1 – 2 双手一位屈掌。

3 – 8 双手掌式反面六位手。

（5）1 – 2 双手一位屈掌。

3－8 双手向旁抬起掌式七位手（指尖冲上，掌心冲外）。

（6）1－2 双手一位屈掌。

3－4 双手一三手位（左手掌式一位手，右手嘴式三位手）。

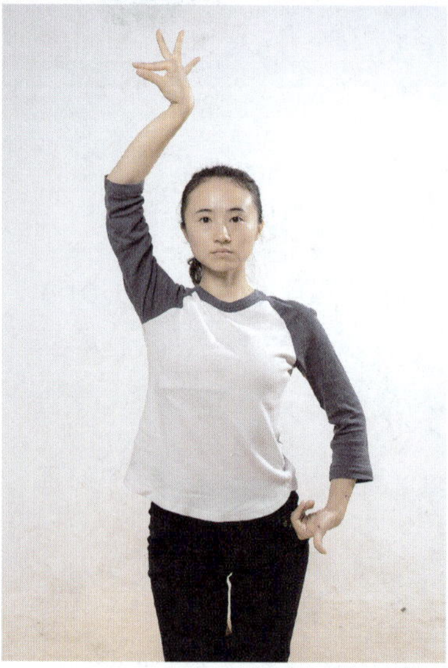

5－6 双手一位屈掌。

7－8 双手掌式一七手位（左手嘴式三位，右手掌式一位）。

（7）1－2 双手一位屈掌。

3－4 双手掌式七位手（指尖冲上，掌心冲外）。

5－6 双手一位屈掌。

7－8 双手孔雀手大三位。

（8）1－2 双手一位屈掌。

3－8 双手掌式七位手（指尖冲下，掌心冲外）。

5－6 臀部离开脚后跟，双膝跪地，双手到头顶合十。

7－8 双手到胸前，同时臀部坐在脚后跟上。

★技能训练

训练计划（时间：120 分钟）

序　号	训练内容	动作名称	训练要求	训练时间	建议音乐	备　注
1	力量训练	深蹲跳	集体训练	30 分钟	无	
		半莲花式拉伸				
2	芭蕾	一位向旁做	集体训练	15 分钟	4/4 拍音乐	

续 表

序　号	训练内容	动作名称	训练要求	训练时间	建议音乐	备　注
3	基本形态	蹲姿	集体训练	15 分钟	4/4 拍音乐	
4	中国古典舞	沉、提、冲、靠、横移组合	分组训练	30 分钟	2/4 拍中速，平稳的	复习
5	傣族舞手位	手位组合片段	分组训练	30 分钟	2/4 拍舒缓的	

一　力量训练

（一）深蹲跳

1. 动作要求：动作过程中，头部与上身保持直线，不要抬头或低头。

2. 训练计划：每组 10 次，重复 3 组，每组间隔 30 秒。

（二）半莲花式拉伸

1. 动作要求：动作过程中，头部与上身保持直线，不要抬头或低头。

2. 训练计划：每次训练重复动作 10 次。

二　芭蕾形体——BATTEMENT TENDU（一位向旁做）

（一）动作要求

重心在前脚掌上，主力腿转开，对抗的力量，脚向下，腿和胯的力量向上延伸。

（二）训练计划

建议使用 4/4 拍音乐，按照以上步骤进行练习。

三　蹲姿训练

（一）动作要求

1. 弯腰捡拾物品时，两腿叉开，臀部向后撅起，是不雅观的姿态。两腿展开平衡下蹲，其姿态也不优雅。

2. 下蹲时注意内衣“不可以露，不可以透”。

（二）注意事项

若用右手捡东西，可以先走到东西的左边，右脚向后退半步后再蹲下来。脊背保持挺直，臀部一定要蹲下来，避免弯腰翘臀的姿势。男士两腿间可留有适当的缝隙，女士则要两腿并紧，穿旗袍或短裙时需更加留意，以免尴尬。

（三）训练计划

建议教师准备 5 分钟之内的轻音乐，配合组合训练。

四　中国古典舞——提、沉、冲、靠、横移组合片段（二）

（一）动作要求

保持正确的体态，注意组合中体态、动作、节奏的准确性。

（二）注意事项

双手绕小五花的高度需配合气息进行练习。

（三）训练计划

1. 建议音乐：2/4 拍，中速，平稳的。
2. 分组建议：分组练习，每组 5 个同学，共练习 3 组。
3. 训练要求：

（1）注意动作之间的连接性。

（2）教师检查每位同学的体态、动作、节奏是否准确。

五　中国民族民间舞——傣族舞手位组合片段（三）

（一）动作要求

注意每个手位之间的动作转换。

（二）注意事项

保持正确的体态，注意组合中动作、节奏的准确性。

（三）训练计划

1. 建议音乐：节奏舒缓的 2/4 拍音乐。

2. 分组建议：分组练习，每组 5 个同学，共练习 3 组。

3. 训练要求：

（1）注意动作之间的连接性。

（2）教师检查每位同学的体态、动作、节奏是否准确。

★学习评价

学生形体礼仪训练评价表

班级： 姓名： 学号：

标 准	优	良	中	差	教师综合评价
考勤管理					
课堂纪律					
理论知识学习					
训练表现					
训练任务掌握程度					
课后训练					

注：教师可参照附表的评分标准为学生评定成绩，并在相应的成绩栏打“√”。

任务十五　表演性训练（三）

★学习内容

一　力量训练

（一）负重屈腿

辅助器材：哑铃。

身体俯卧于地面，双臂向前曲肘支撑上身，双手抱拳，眼睛平视前方，双腿并拢，双脚夹住哑铃一端，保持哑铃不会掉落。吸气时小腿向上弯曲90°，呼气时缓缓落下。

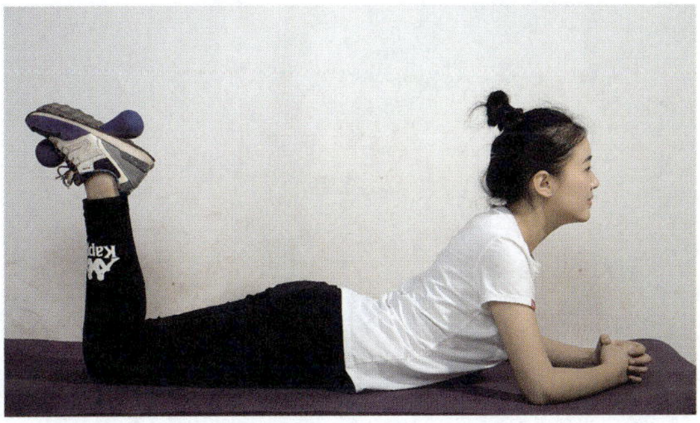

（二）坐式拉伸

身体坐于地面，双腿并拢伸直，绷紧脚尖，挺胸收腹，保持上身挺直。吸气时挺胸抬头，双臂向头顶上方伸直，十指相扣，手掌向上；呼气时身体下压，握住脚掌，尽量使胸部贴近大腿，保持10秒，吸气还原。

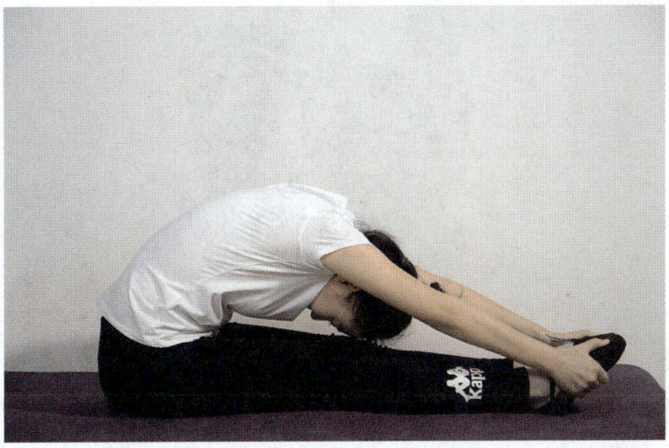

二　芭蕾形体——BATTEMENT TENDU（一位向前做）

准备：4 拍。双手扶把，一位，最后二拍转向旁。

（1）1 – 4 向前做一次 battement tendu，头向旁。

5 – 8 重复（1）1 – 4 动作。

（2）1 – 4 重复（1）1 – 4 动作。

5 – 6 停，头转向前。

7 – 8 头转向另一旁。

（3）–（4）从左脚开始，重复以上动作。

三　基本形态训练——蹲姿（二）

四种蹲姿方式：

（一）高低式蹲姿

男性在选用这一方式时往往更为方便，下蹲时一般是左脚在前，右脚稍后。左脚应完全着地，小腿基本上垂直于地面，右脚则应脚掌着地，脚跟提起。右膝须低于左膝，右膝内侧可靠于左小腿的内侧，形成左膝高右膝低的姿态。

（二）女士交叉式蹲姿

交叉式蹲姿通常适用于女性，尤其是穿短裙的人员，它的特点是造型优美典雅。基本特征是蹲下后双腿交叉在一起。这种蹲姿的要求是：下蹲时，右脚在前，左脚在后，右小腿垂直于地面，全脚着地。右腿在上，左腿在下，二者交叉重叠；左膝由后下方伸向右侧，左脚跟抬起，并且脚掌着地；两脚前后靠近，合力支撑身体；上身略向前倾，臀部朝下。

★技能训练

训练计划（时间：100 分钟）

序　号	训练内容	动作名称	训练要求	训练时间	建议音乐	备　注
1	力量训练	负重屈腿	集体训练	30 分钟	无	
		坐式拉伸				
2	芭蕾	一位向前做	集体训练	15 分钟	4/4 拍音乐	
3	基本形态	蹲姿	集体训练	15 分钟	4/4 拍音乐	
4	中国古典舞	沉、提、冲、靠、横移组合	分组训练	20 分钟	2/4 拍中速，平稳的	复习
5	傣族舞手位	手位组合片段	分组训练	20 分钟	2/4 拍舒缓的	复习

一　力量训练

（一）负重屈腿

1. 动作要求：下降过程要缓慢，至离地面约 2 厘米处停止，继续下一动作。

2. 训练计划：每组 10 次，重复 2 组，每组间隔 15 秒。

（二）坐式拉伸

1. 动作要求：

（1）动作过程中，要保持腰部直立；

（2）每组动作最后一次要保持俯身姿势 10 秒。

2. 训练计划：每组 10 次，重复 2 组，每组间隔 15 秒。

二　芭蕾形体——一位向前做

（一）动作要求

全脚擦地板，脚外开，绷到脚趾尖。

（二）注意事项

头自然转，哪只脚伸出，头往哪边。

（三）训练计划

建议使用4/4拍音乐，按照以上步骤进行练习。

三　蹲姿训练

（一）注意事项

1. 不要突然下蹲。蹲下来的时候，不要速度过快。当自己在行进中需要下蹲时，要特别注意这一点。

2. 不要离人太近。在下蹲时，应和身边的人保持一定距离。和他人同时下蹲时，更不能忽略双方的距离，以防彼此“迎头相撞”或发生其他误会。

3. 不要方位失当。在他人身边下蹲时，最好是和他人侧身相向。正面他人，或者背对他人下蹲，通常都是不礼貌的。

4. 不要毫无遮掩。在大庭广众面前，尤其是身着裙装的女士，一定要避免下身毫无遮掩的情况，特别是要防止大腿叉开。

5. 不要蹲在凳子或椅子上。有些人有蹲在凳子或椅子上的生活习惯，但是在公共场合这么做的话，是不能被接受的。

（二）训练计划

建议教师准备5分钟之内的轻音乐，配合组合训练。

四　中国古典舞——提、沉、冲、靠、横移组合

将中国古典舞提、沉、冲、靠、横移片段组合（一）（二）连接在一起形成完整的组

合练习。

五　傣族舞组合训练——手位组合

将傣族舞手位组合片段（一）（二）（三）连接在一起形成完整组合练习。

★学习评价

学生形体礼仪训练评价表

班级：　　　　　　　　姓名：　　　　　　　　学号：

标　准	优	良	中	差	教师综合评价
考勤管理					
课堂纪律					
理论知识学习					
训练表现					
训练任务掌握程度					
课后训练					

注：教师可参照附表的评分标准为学生评定成绩，并在相应的成绩栏打“√”。

项目二　形体礼仪二阶段

任务一　力量训练（一）

★学习内容

一　芭蕾形体——BATTEMEN TENDU JETE 分解做

准备：4 拍，双手扶把，一位。

（1）1 battement tendu，向旁，成脚尖点地。

2 脚尖离地抬起 25°。

3 脚尖落下点地。

4 收回一位。

5－8 重复（1）1－4。

（2）1－4 重复（1）1－4。

5－8 停。

（3）–（4）从左脚开始，重复以上动作。

二　基本形态训练——手势礼仪

手势表现的含义非常丰富，表达的感情也非常微妙复杂。如招手致意、挥手告别、拍手称赞、拱手致谢、举手赞同、摆手拒绝；手抚是爱、手指是怒、手搂是亲、手捧是敬、手遮是羞，等等。手势的含义，或是发出信息，或是表示喜恶表达感情。能够恰当地运用手势表情达意，会为交际形象增辉。

（一）接待礼仪手势

1. 指引手势。

（1）曲臂式：五指伸直并拢，以肘关节为轴，小臂向身体的侧前方伸出，面向右侧，指尖指向被引导或指示的方向，目视来宾。此指引方式多适用于指示方向。

（2）直臂式：前臂由下向上摆动，使手臂向上成一斜线，指尖指向斜上方，多适用于指引。

2. 介绍他人、介绍自己。

（1）介绍他人：手臂弯曲，掌心向上，五指并拢，指尖指向被介绍的人，适用于介绍他人及清点人数。

（2）介绍自己：手臂弯曲，五指并拢，掌心放置于胸前。适用于自我介绍、表白自己心声。

（二）生活中常用手势

1. 跷起大拇指：一般都表示顺利或夸奖别人，但也有很多例外。在美国和欧洲部分地区，表示要搭车，在德国表示数字“1”，在日本表示“5”，在澳大利亚就表示骂人

“他妈的”。与别人谈话时将拇指翘起来反向指向第三者，即以拇指指腹的反面指向除交谈对象外的另一人，是对第三者的嘲讽。

2. OK 手势：拇指、食指相接成环形，其余三指伸直，掌心向外。源于美国，表示“同意”、“顺利”、“很好”的意思；而法国表示“零”或“毫无价值”；在日本是表示“钱”；在泰国它表示“没问题”；在巴西是表示粗俗下流。

3. V 形手势：这种手势是二战时的英国首相丘吉尔首先使用的，已传遍世界，是表示“胜利”。如果掌心向内，就变成骂人的手势了。

4. 举手致意：也叫挥手致意，用来向他人表示问候、致敬、感谢。当你看见熟悉的人，又无暇分身的时候，就举手致意，可以立即消除对方的被冷落感。要掌心向外，面对对方，指尖朝向上方。千万不要忘记伸开手掌。

三　中国古典舞——脚的位置（一）

（一）正　步

双腿伸直，双脚自然并拢，脚尖对正前方。

（二）丁字步

后脚八字步，前脚放在后脚的中间。

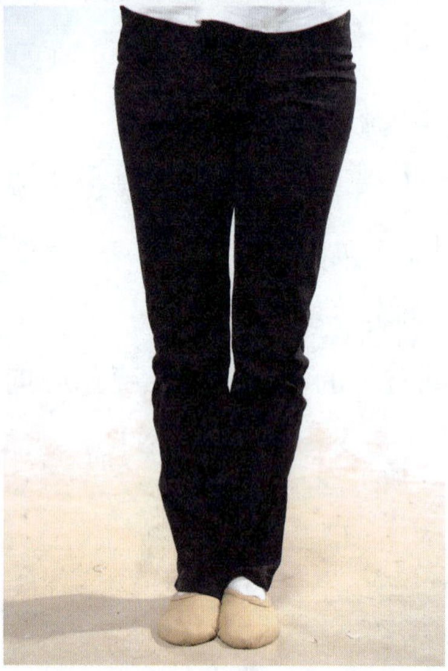 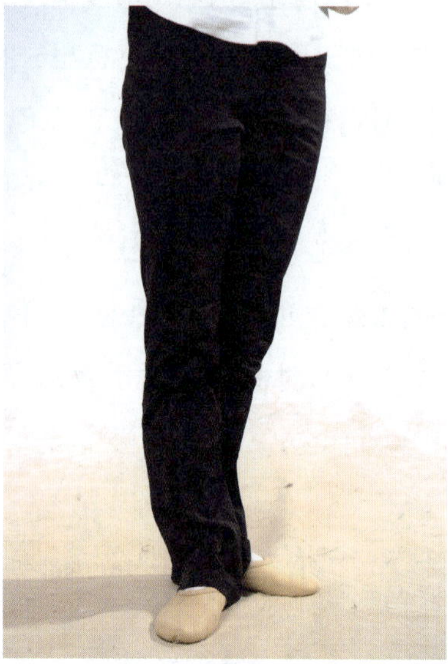

四　中国民族民间舞——傣族舞基本脚位（一）

（一）正步位

双腿伸直，双脚自然并拢，脚尖对正前方

（二）八字步

双腿伸直，双脚脚后跟并拢，脚尖自然朝着斜方向打开

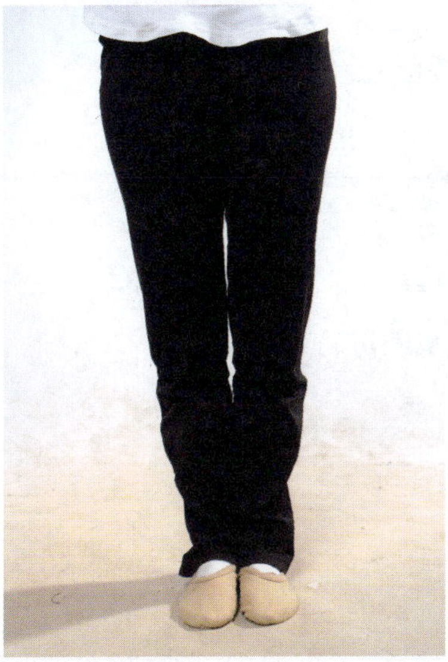

★技能训练

训练计划（时间：60 分钟）

序　号	训练内容	动作名称	训练要求	训练时间	建议音乐	备　注
1	力量训练	绕肩放松	集体训练	10 分钟	无	复习
		负重耸肩				
		胸前推举				
		跪式拉伸				
2	芭蕾	分解做	集体训练	20 分钟	4/4 拍音乐	
3	基本形态	手势礼仪	集体训练	15 分钟	无	
4	中国古典舞	正步	分组训练	10 分钟	2/4 拍 中速，平稳的	
		丁字步				
5	傣族舞	正位步	分组训练	5 分钟	2/4 拍 中速，平稳的	
		八字步				

一　力量训练

复习动作：绕肩放松、负重耸肩、胸前推举、跪式拉伸。

二　芭蕾形体——BATTEMENT TENDU JETE 分解做

1. 动作要求：脚外开，绷到脚趾尖。

2. 注意事项：头自然转，哪只脚伸出，头往哪边。

3. 训练计划：建议使用4/4 拍音乐，按照以上步骤进行练习。

三　手势礼仪训练

（一）动作要求

1. 指引的手势为：手掌自然平伸，五指并拢，手掌与小臂为一直线，掌心向上朝向客人，大臂与体侧成30°，指尖与肩平齐。指引时以肘关节为中心转动到目标方位，眼神和手的方向一致并落于指尖。

2. 为他人做介绍时，手势动作应文雅。无论介绍哪一方，都应手心朝上，手背朝下，四指并拢，拇指张开，手掌基本上抬至肩的高度，并指向被介绍的一方，面带微笑。在正式场合，不可以用手指点或拍打被介绍一方的肩和背。

（二）训练计划

建议教师准备5 分钟之内的轻音乐，配合组合训练。

四　中国古典舞——脚的位置

（一）动作名称

1. 正步。

2. 丁字步。

（二）注意事项

完成脚的位置时注意保持上身的体态动作，收腹、立腰、拔背，切记不要翻肋骨。

（三）训练计划

1. 建议音乐：2/4 拍，中速，平稳的。

2. 分组建议：分组练习，每组5 个同学，共练习3 组。

3. 训练要求：正面 4 个 8 拍，反面 4 个 8 拍为一组，共练习 3 组。

五　傣族舞脚的位置

（一）动作名称

1. 正步位。

2. 八字步。

（二）注意事项

保持正确体态，膝盖自然伸直，八字步时脚尖朝着自然的方向打开。

（三）训练计划

1. 建议音乐：2/4 拍，中速，平稳的。

2. 分组建议：分组练习，每组 5 个同学，共练习 2 组。

3. 训练要求：

（1）每个动作 4 个 8 拍，共 8 个 8 拍。

（2）动作要到位，教师检查每位同学的体态、步法是否准确。

★学习评价

学生形体礼仪训练评价表

班级：　　　　　　　　姓名：　　　　　　　　学号：

标　准	优	良	中	差	教师综合评价
考勤管理					
课堂纪律					
理论知识学习					
训练表现					
训练任务掌握程度					
课后训练					

注：教师可参照附表的评分标准为学生评定成绩，并在相应的成绩栏打“√”。

任务二　力量训练（二）

★学习内容

一　芭蕾形体——RELEVE 半脚尖立

准备：4 拍，双手扶把，两脚正步。

（1）1－2 半脚尖 releve 立起。

3－4 落下回原位。

5－8 重复一次。

（2）1－2 releve 立起。

3－4 停在半脚尖上。

5－7 原地碎步，同时向右转 1/2 圈（两手叉腰），背向把杆，Epaulemet（左肩在前），头留在左肩膀方向。

8 落下脚跟。

（3）1－8 重复（1）1－8 动作。

（4）1－8 重复（2）1－8 动作，最后向左转 1/4 圈，成另一边 epsulement（右肩在前）。

二　中国古典舞——脚的位置（二）

（一）小八字步

双腿伸直，双脚脚后跟并拢，脚尖自然朝着斜方向打开。

（二）大八字步

在小八字步基础上，两脚分开距离与肩同宽。

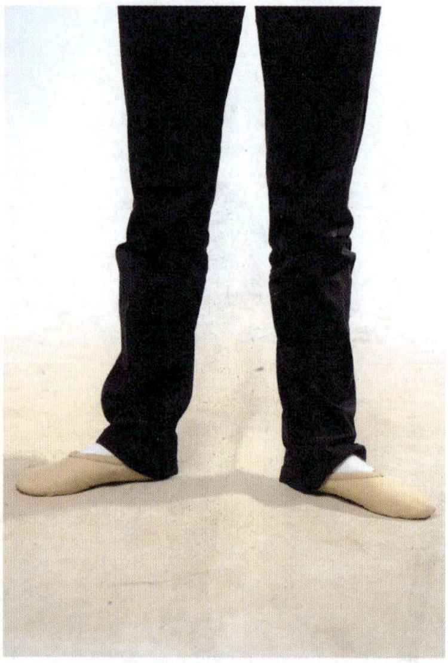

三　中国民族民间舞——傣族舞基本脚位（二）

（一）丁字步

后脚八字步，前脚放在后脚的中间。

（二）后踢步

双脚交替弯曲向后踢起 25°。

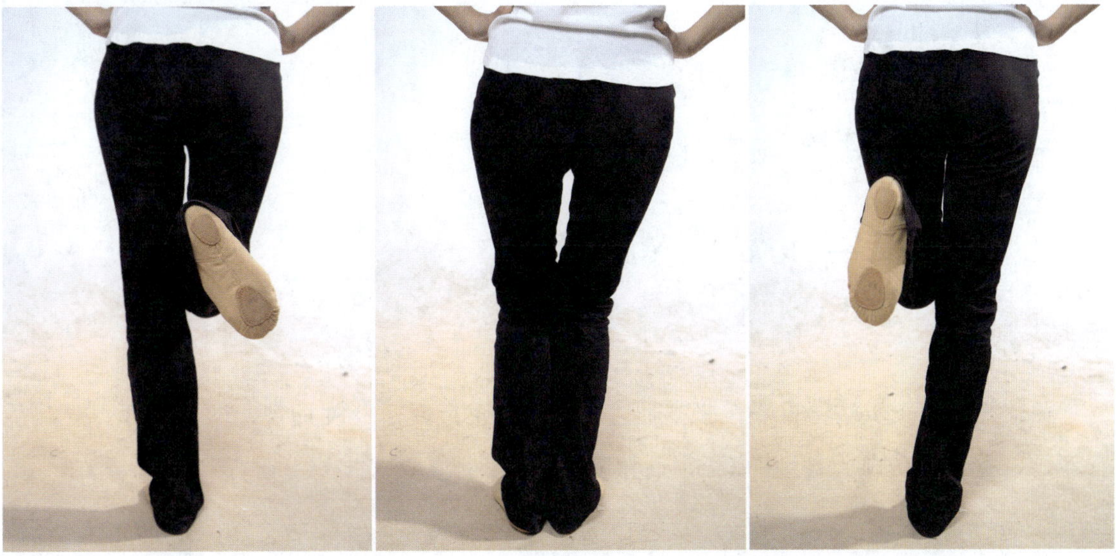

★技能训练

训练计划（时间：50 分钟）

序　号	训练内容	动作名称	训练要求	训练时间	建议音乐	备　注
1	力量训练	立式平举	集体训练	10 分钟	无	复习
		立式划船				
		俯卧挺胸				
		体后拉伸				
2	芭蕾	半脚尖立	集体训练	15 分钟	4/4 拍音乐	
3	基本形态	垂臂式站姿	集体训练	10 分钟	无	复习
4	中国古典舞	小八字步	分组训练	10 分钟	2/4 拍 中速，平稳的	
		大八字步				
5	傣族舞	丁字步	分组训练	5 分钟	2/4 拍 中速，平稳的	
		后踢脚				

一　力量训练

复习动作：立式平举、立式划船、俯卧挺胸、体后拉伸。

二　芭蕾形体——RELEVE 半脚尖立

（一）动作要求

两腿并拢，正步站，重心在脚掌上，脚后跟向上推起，速度均匀，两拍立起，立起后有停顿，重心还在脚掌上，4 点正，后背收紧。

（二）注意事项

1 个 8 拍完成。

（三）训练计划

建议使用 4/4 拍音乐。

三　基本形态训练

复习动作：垂臂式站姿训练。

四　中国古典舞——脚的位置（二）

（一）动作名称

1. 小八字步。
2. 大八字步。

（二）注意事项

完成脚的位置时注意保持上身的体态动作，收腹、立腰、拔背，切忌不要翻肋骨。

（三）训练计划

1. 建议音乐：2/4 拍，中速，平稳的。
2. 分组建议：分组练习，每组 5 个同学，共练习 3 组。
3. 训练要求：正面 4 个 8 拍，反面 4 个 8 拍为一组，共练习 3 组。

五　傣族舞基本脚位（二）

（一）动作名称

1. 丁字步。
2. 后踢步。

（二）注意事项

保持正确体态，后踢步时小腿要放松，保持上身稳定，双腿自然交替向后踢

（三）训练计划

1. 建议音乐：2/4 拍，中速，平稳的。
2. 分组建议：分组练习，每组 5 个同学，共练习 2 组。
3. 训练要求：

（1）每个动作4个8拍，共8个8拍。

（2）动作要到位，教师检查每位同学的体态、步法是否准确。

★学习评价

学生形体礼仪训练评价表

班级：　　　　　　　　姓名：　　　　　　　　学号：

标　准	优	良	中	差	教师综合评价
考勤管理					
课堂纪律					
理论知识学习					
训练表现					
训练任务掌握程度					
课后训练					

注：教师可参照附表的评分标准为学生评定成绩，并在相应的成绩栏打“√”。

任务三　力量训练（三）

★学习内容

一　芭蕾形体——PORT DE BRAS（1）中间练习

（1）1－4 右手从一位抬到小七位 allonge，落下回原位，眼睛随手。

5－8 左手重复一次。

（2）1－4 两手从一位到七位 allonge 落下回原位，头向前。

5－8 两手从一位经七位 allonge 到三位 allonge，再落下，头向前。

（3）1－4 回到一位，停。

5－8 两手抬到二位。

（4）1－4 两手打开到七位，眼睛随右手。

5－8 两手 allonge 落下，眼睛随右手，回到一位，头向前。

二　中国古典舞——脚的位置（三）

（一）踏　步

左脚尖对 1 方向，右脚撤步放在左脚跟后旁，脚趾虚点地，两脚间距离一横脚，前腿伸直，后腿略弯，后腿膝盖贴近前腿膝盖窝。

（二）大掖步

在踏步基础上，往后撤一大步，同时前腿蹲，上身往旁倾 45°。

三　中国民族民间舞——傣族舞起伏动律

双脚正步位，双腿自然半蹲弯曲膝盖，同时自然地伸直，节奏均匀。如：正步位准备，1－4 拍慢慢半蹲，5－8 拍慢慢直立。

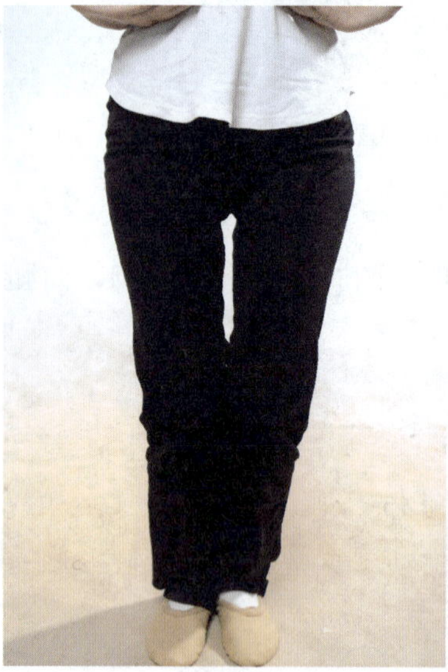

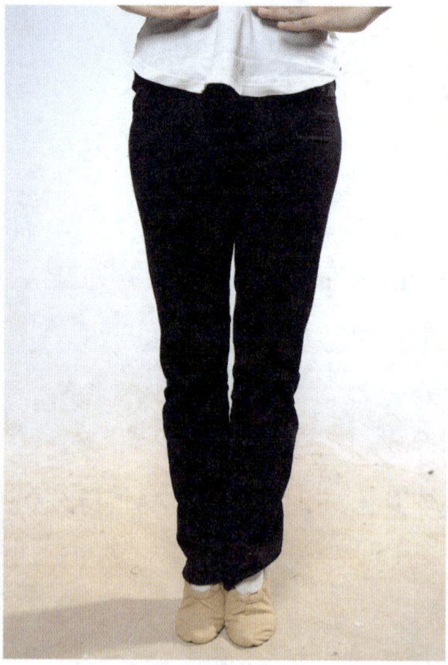

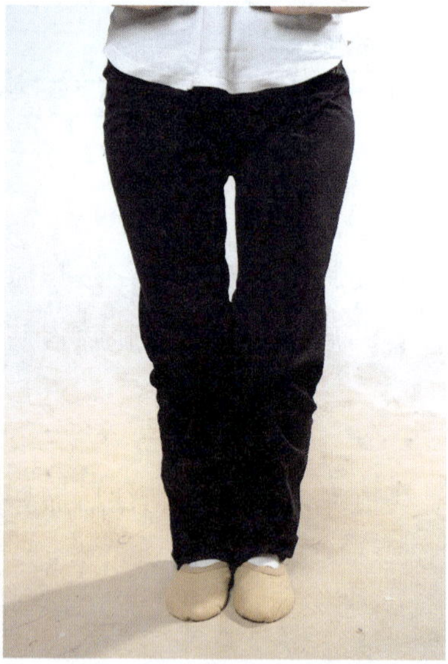

★技能训练

训练计划（时间：80 分钟）

序号	训练内容	动作名称	训练要求	训练时间	建议音乐	备注
1	力量训练	直立上举	集体训练	10 分钟	无	复习
		宽距推举				
		小飞燕挺身				
		体侧拉伸				
2	芭蕾	中间练习	集体训练	20 分钟	4/4 拍音乐	
3	基本形态	双手前交握式站姿	集体训练	10 分钟	无	复习
4	中国古典舞	踏步	分组训练	20 分钟	2/4 拍 中速，平稳的	
		大掖步				
5	傣族舞	起伏动律	分组训练	20 分钟	2/4 拍 中速，平稳的	

一　力量训练

复习动作：直立上举、宽距推举、小飞燕挺身、体侧拉伸。

二　芭蕾形体——PORT DE BRAS（1）中间练习

（一）动作要求

手动头也跟着动，肩膀不要动，手不同的路线同时去到不同的方向。

（二）训练计划

建议使用4/4 拍音乐，按照以上步骤进行练习。

三　基本形态练习

复习动作：双手前交握式站姿训练。

四　中国古典舞——脚的位置（三）

（一）动作名称

1. 踏步。

2. 大掖步。

（二）注意事项

完成脚的位置时注意保持上身的体态动作，收腹、立腰、拔背，切记不要翻肋骨。

（三）训练计划

1. 建议音乐：2/4 拍，中速，平稳的。

2. 分组建议：分组练习，每组 5 个同学，共练习 3 组。

3. 训练要求：正面 4 个 8 拍，反面 4 个 8 拍为一组，共练习 3 组。

五　傣族舞起伏动律

（一）注意事项

在练习起伏动律时注意膝盖的自然弯曲，保持节奏的均匀，强调膝盖的连绵不断。

（二）训练计划

1. 建议音乐：2/4 拍，中速，平稳的。

2. 分组建议：分组练习，每组 5 个同学，共练习 3 组。

3. 训练要求：

（1）起伏动律练习 8 个 8 拍，可以加上手位进行变换练习。

（2）动作要到位，教师检查每位同学的体态、动律是否准确。

★学习评价

学生形体礼仪训练评价表

班级：　　　　　　　　　　　　　　　姓名：　　　　　　　　　　　　　　　学号：

标　准	优	良	中	差	教师综合评价
考勤管理					
课堂纪律					
理论知识学习					
训练表现					
训练任务掌握程度					
课后训练					

注：教师可参照附表的评分标准为学生评定成绩，并在相应的成绩栏打“√”。

任务四　力量训练（四）

★学习内容

一　芭蕾形体——PORT DE BRAS（2）中间练习

音乐：3/4，每小节 =1 拍。（曲 16）

准备：4 拍，两脚自然位，两手一位。

（1）1 –4 两手从一位抬到二位，眼睛随两手。

5 –8 两手从二位抬到三位，眼睛随两手。

（2）1 –4 右手从三位落下到二位，眼睛随手。

5 –8 右手从二位打开到七位，眼睛随手。

（3）1 –4 左手从三位落下到二位，眼睛随手。

5 –8 左手从二位落下到七位，眼睛随手。

（4）1 –4 手伸长落下，回到一位，眼睛随手。

5 –8 停，头向前。

二　中国古典舞——身韵手位组合片段（一）

准备：1 –4 拍，身对 2 点，左丁字步，双手自然下垂；

5 –8 经双盘腕手成双背手。

（1）1 –4 右手到胸前按掌，眼睛随着手臂的方向走；

5 胸前按掌不动亮相，眼睛看 1 点；

6 –8 保持右手胸前按掌不动。

（2）1 -4 右手从下到达单山膀，眼睛随着手臂的方向走；

5 右手单山膀亮相，眼睛看 1 点；

6 -8 保持单山膀不动。

三　中国民族民间舞——傣族舞脆动律

脆动律：在起伏动律的基础上，加快节奏，一般是双脚交替后踢步进行。如：正步位准备，1 -2 拍左脚快速踢起然后放下，3 -4 拍右脚快速踢前放下。

★技能训练

训练计划（时间：90 分钟）

序　号	训练内容	动作名称	训练要求	训练时间	建议音乐	备　注
1	力量训练	仰卧推举	集体训练	10 分钟	无	复习
		直立侧拉				
		坐式挺胸				
		坐式转身				
2	芭蕾	中间练习	集体训练	20 分钟	3/4 拍音乐	
3	基本形态	双手后交握式站姿	集体训练	15 分钟	无	复习
4	中国古典舞	身韵手位组合	分组训练	30 分钟	2/4 拍中速，平稳的	
5	傣族舞	脆动律	分组训练	15 分钟	2/4 拍中速，平稳的	

一　力量训练

复习动作：仰卧推举、直立侧拉、坐式挺胸、坐式转身。

二 芭蕾形体——PORT DE BRAS（2）中间练习

（一）动作要求

手动头也跟着动，肩膀不要动，手不同的路线同时去到不同的方向。

（二）训练计划

建议使用3/4拍音乐，按照以上步骤进行练习。

三 基本形态训练

复习动作：双手后交握式站姿训练。

四 中国古典舞——身韵手位组合片段（一）

（一）动作要求

保持正确的体态，注意组合中体态、动作、节奏的准确性。

（二）注意事项

注意手的位置，眼睛需跟随手的方向转动，亮相时头、眼、手要一拍到位。

（三）训练计划

1. 建议音乐：2/4拍，中速，平稳的。
2. 分组建议：分组练习，每组5个同学，共练习3组。
3. 训练要求：

（1）注意动作之间的连接性。

（2）教师检查每位同学的体态、动作、节奏是否准确。

五 中国民族民间舞——傣族舞脆动律

（一）注意事项

保持正确的体态，脆动律强调节奏和动作上的快和脆。

（二）训练计划

1. 建议音乐：2/4 拍，中速，平稳的。

2. 分组建议：分组练习，每组 5 个同学，共练习 3 组。

3. 训练要求：

（1）脆动律练习 8 个 8 拍，可以加上手位进行变换练习，可以行进向前或向后，还可以原地自转变换方向。

（2）动作要到位，教师检查每位同学的体态、动律是否准确。

★学习评价

学生形体礼仪训练评价表

班级： 姓名： 学号：

标　准	优	良	中	差	教师综合评价
考勤管理					
课堂纪律					
理论 知识学习					
训练表现					
训练任务 掌握程度					
课后训练					

注：教师可参照附表的评分标准为学生评定成绩，并在相应的成绩栏打“√”。

任务五　技术性训练（一）

★学习内容

一　芭蕾形体——追步跳

音乐：2/4 拍，每小节 =2 拍。

准备：4 拍，两人各站在 3 点方向和 7 点方向，面向 1 点方向，两脚正步，双手叉腰。

（1）1 –4 站 7 点方向者从右脚开始，另一人反之，各做两个追步跳（galop），向旁（3 点方向和 7 点方向）移动，头向前，最后一拍，左脚跺一下（从左脚开始者跺右脚），相互对视。

5 –8 换另一脚向相反方向，做 3 个 galop，向旁移动，最后一拍，脚跺一下，头转向另一边。

（2）1 –8 换另一脚向相反方向，做 6 个 galop，向旁移动，最后一拍，脚跺一下，头转向另一边。

（3） –（4）从另一脚开始，重复以上动作。

二　中国古典舞——身韵手位组合片段（二）

（1）1－4 右手到三位手托掌，眼睛随着手的方向走；

5 右手托掌不动亮相，眼睛看 1 点；

6－8 保持右手托掌不动。

（2）1－4 右手从托掌经过一位到单山膀，眼睛随着手的方向走；

5 右手到单山膀不动亮相，眼睛看 1 点；

6－8 保持右手单山膀不动。

三　中国民族民间舞——傣族舞颤动律

颤动律：保持膝盖永远在半蹲的基础上，膝盖再次颤动向下，重拍向下。

★技能训练

训练计划（训练时间：95 分钟）

序　号	训练内容	动作名称	训练要求	训练时间	建议音乐	备　注
1	力量训练	仰卧扩胸	集体训练	10 分钟	无	复习
		伏地式拉伸				
		直立弓身				
2	芭蕾	追步跳	分组训练	20 分钟	3/4 拍音乐	
3	基本形态	单臂后背式站姿	集体训练	15 分钟	无	复习
4	中国古典舞	身韵手位组合	分组训练	30 分钟	2/4 拍中速，平稳的	
5	傣族舞	颤动律	分组训练	20 分钟	2/4 拍中速，平稳的	

一　力量训练

复习动作：仰卧扩胸、伏地式拉伸、直立弓身。

二　芭蕾形体——追步跳

（一）动作要求

正步准备，一定要经过正步二位、蹲、重心移向旁，第一条腿迅速地推地跳起，双脚重心落在第二条腿上。

（二）训练计划

建议使用3/4拍音乐，按照以上步骤进行练习。

三　基本形态训练

复习动作：单臂后背式站姿训练。

四　中国古典舞——身韵手位组合片段（二）

（一）动作要求

保持正确的体态，注意组合中体态、动作、节奏的准确性。

（二）注意事项

注意手的位置，眼睛需跟随手的方向转动，亮相时头、眼、手要一拍到位。

（三）训练计划

1. 建议音乐：2/4拍，中速，平稳的。
2. 分组建议：分组练习，每组5个同学，共练习3组。
3. 训练要求：

（1）注意动作之间的连接性。

（2）教师检查每位同学的体态、动作、节奏是否准确。

五　傣族舞颤动律

（一）注意事项

保持正确的体态，注意节奏的重拍向下，膝盖没有伸直的过程，永远都在弯曲的状态下完成动作。

（二）训练计划

1. 建议音乐：2/4 拍，中速，平稳的。

2. 分组建议：分组练习，每组 5 个同学，共练习 3 组。

3. 训练要求：

（1）颤动律练习 8 个 8 拍，可以加上手位进行变换练习。

（2）动作要到位，教师检查每位同学的体态、动律是否准确。

★学习评价

学生形体礼仪训练评价表

班级：　　　　　　　　姓名：　　　　　　　　学号：

标　准	优	良	中	差	教师综合评价
考勤管理					
课堂纪律					
理论 知识学习					
训练表现					
训练任务 掌握程度					
课后训练					

注：教师可参照附表的评分标准为学生评定成绩，并在相应的成绩栏打“√”。

任务六　技术性训练（二）

★学习内容

一　芭蕾形体——TEMPS SAUTE 跳跃练习

准备：4 拍，两脚一位，手叉腰。

（1）1 –2 plié。

3 落地 plié。

4 继续 plié。

5 –6 伸直。

7 –8 停。

（2）1 –8 重复 1 次。

（1）–（4）再重复 2 次。

二　中国民族民间舞——傣族舞动律组合片段（一）

准备：站立，双手掌形，手腕相对，放在一位手，眼睛看 1 点。

（1）1 –4 双手前一位手不动，双脚慢慢立起半脚尖，起伏动律；

5 –8 双手前一位手不动，双脚慢慢压脚后跟放下半蹲。

（2）1 –8 重复前（1）1 –8 拍的动作。

（3）1 –4 双手里二位交叉，双脚慢慢立起半脚尖，起伏动律；

5 –8 双手里二位交叉，双脚慢慢压脚后跟放下。

（4）1 –8 重复（3）1 –8 拍的动作。

（5）1 –2 颤动律上，双手屈掌；

3－4 双手前一位掌形，手腕相对；

5－8 重复（5）1－4 拍的动作。

★技能训练

训练计划（训练时间：80 分钟）

序　号	训练内容	动作名称	训练要求	训练时间	建议音乐	备　注
1	力量训练	俯卧撑	集体训练	10 分钟	无	复习
		坐式侧拉				
		跪式挺胸				
2	芭蕾	跳跃练习	集体训练	20 分钟	2/4 拍音乐	
3	基本形态	单臂前屈式站姿	集体训练	15 分钟	无	复习
4	中国古典舞	正步	分组训练	20 分钟	2/4 拍 中速，平稳的	复习
		丁字步				
		小八字步				
		大八字步				
		踏步				
		大掖步				
		身韵手位组合				
5	傣族舞	动律组合	分组训练	15 分钟	2/4 拍 中速，平稳的	

一　力量训练

复习动作：俯卧撑、坐式侧拉、跪式挺胸。

二　芭蕾形体——TEMPS SAUTE 跳跃练习

（一）动作要求

做一个完整的蹲（PLIE），蹲到蹲不下的位置瞬间快速有力地双脚推地，两腿转开，膝盖伸直绷到脚趾尖上，脚趾尖垂直地对着地面，空中后背收紧。下的过程：控制地经过一个脚趾尖、脚掌、脚心、脚后跟继续保持腿外开，后背收紧，两条腿伸直，结束一个小跳的动作。

（二）注意事项

上身保持4点正。

（三）训练计划

先扶把做，再中间做，膝盖用力蹬地，脚用力推地。建议使用2/4拍音乐。

三　基本形态训练

复习动作：单臂前屈式站姿训练。

四　中国古典舞基本脚位和身韵手位组合

复习动作：正步、丁字步、小八字步、大八字步、踏步、大掖步。
复习组合：身韵手位组合片段（一）（二）。

五　傣族舞动律组合片段（一）

（一）动作要求

注意每个手位、脚位之间的动作转换。

（二）注意事项

保持正确的体态，注意组合中动作、节奏的准确性。

（三）训练计划

1. 建议音乐：2/4拍，中速，平稳的。
2. 分组建议：分组练习，每组5个同学，共练习3组。
3. 训练要求：

（1）每个动作4个8拍，共12个8拍；
（2）动作要到位，教师检查每位同学的动作是否准确。

★学习评价

学生形体礼仪训练评价表

班级：　　　　　　　　姓名：　　　　　　　　学号：

标　准	优	良	中	差	教师综合评价
考勤管理					
课堂纪律					
理论知识学习					
训练表现					
训练任务掌握程度					
课后训练					

注：教师可参照附表的评分标准为学生评定成绩，并在相应的成绩栏打“√”。

任务七　技术性训练（三）

★学习内容

一　芭蕾形体——PAS ECHAPPE 跳

准备：4 拍，两脚一位，手叉腰。

（1）1—2 plié。

　　3 跳起，落成第二位。

　　4 跳起，落成第一位。

　　5 -6 伸直。

　　7 -8 停。

（2）-（4）重复（1）1 -8 拍动作 3 次。

二　中国古典舞——身韵手位组合片段（三）

（1）1 -4 双手托掌，眼睛随手的方向走；

5 双手托掌亮相，眼睛看 1 点；

6－8 保持双手托掌不动。

（2）1－4 顺风旗，左手按掌，右手托掌，眼睛随手的方向走；

5 双手不动亮相，眼睛看 1 点；

6－8 保持顺风旗不动。

三　中国民族民间舞——傣族舞动律组合片段（二）

（1）1－2 双手前一位手屈掌；

3－4 双手到二位手，手腕相对；

5－8 重复（1）1－4 拍的动作。

（2）1－2 双手前一位手屈掌；

3－4 双手到三位手，手腕相对，手指尖冲正上方；

5－8 重复（2）1－4 拍的动作。

（3）1－2 双手屈掌到前一位手；

3－4 双手到七位手，手腕相对；

5－8 重复（3）1－4 拍的动作。

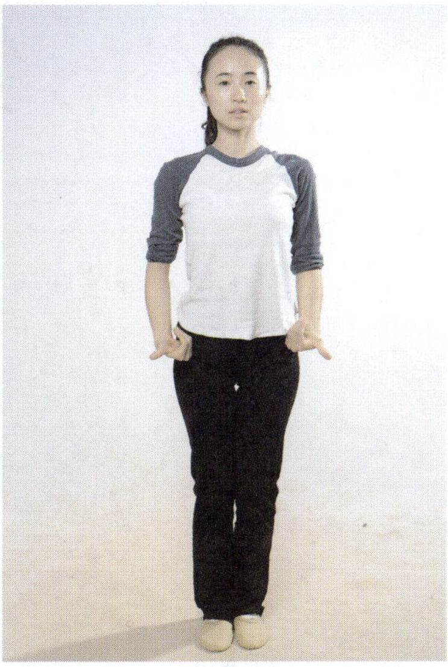 

★技能训练

训练计划（时间：90 分钟）

序　号	训练内容	动作名称	训练要求	训练时间	建议音乐	备　注
1	力量训练	俯卧月牙起 立式大回环	集体训练	10 分钟	无	复习
2	芭蕾	跳跃练习	集体训练	20 分钟	2/4 拍音乐	
3	基本形态	走姿	分组训练	20 分钟	2/4 拍 中速，平稳的	复习
4	中国古典舞	身韵手位组合	分组训练	20 分钟	2/4 拍 中速，平稳的	
5	傣族舞	傣族动律训练组合片段	分组训练	20 分钟	2/4 拍 中速，平稳的	

一　力量训练

复习动作：俯卧月牙起、立式大回环。

二　芭蕾形体——PAS ECHAPPE 跳跃练习

（一）动作要求

在一位跳的基础上落到二位，再从二位跳到一位，第一个跳下的蹲继续连续地蹲，再跳起。

（二）注意事项

自然地打开自然地落下。

（三）训练计划

建议使用2/4 拍音乐，先扶把练习，分解做。

三　基本形态训练

复习动作：走姿的分解动作训练。

四　中国古典舞——身韵手位组合片段（三）

（一）动作要求

保持正确的体态，注意组合中体态、动作、节奏的准确性。

（二）注意事项

注意手、眼协调配合完成动作。

（三）训练计划

1. 建议音乐：2/4 拍，中速，平稳的。

2. 分组建议：分组练习，每组 5 个同学，共练习 3 组。

3. 训练要求：

（1）注意动作之间的连接性；

（2）教师检查每位同学的体态、动作、节奏是否准确。

五　傣族舞动律组合片段（二）

（一）动作要求

注意每个手位、脚位之间的动作转换。

（二）注意事项

保持正确的体态，注意组合中动作、节奏的准确性。

（三）训练计划

1. 建议音乐：2/4 拍，中速，平稳的。

2. 分组建议：分组练习，每组 5 个同学，共练习 3 组。

3. 训练要求：

（1）每个动作 4 个 8 拍，共 12 个 8 拍；

（2）动作要到位，教师检查每位同学的动作是否准确。

★学习评价

学生形体礼仪训练评价表

班级：　　　　　　　　　　　　　姓名：　　　　　　　　　　　　　学号：

标　准	优	良	中	差	教师综合评价
考勤管理					
课堂纪律					
理论知识学习					
训练表现					
训练任务掌握程度					
课后训练					

注：教师可参照附表的评分标准为学生评定成绩，并在相应的成绩栏打“√”。

任务八　韵律性训练（一）

★学习内容

一　芭蕾形体——半脚尖行进步

准备：8拍，站在6点方向，自然位，面向2点方向，两手拉裙（男生叉腰）最后二拍，右脚向前伸出，脚尖点地，头向旁（1点方向）。

（1）1－8从右脚开始，在半脚尖上走8步，向2点方向斜线行进，头向旁，最后左脚半蹲（demi plié）。

（2）1－4仍向2点方向，右、左脚各做一个半脚尖的追赶步（chassé），头向右、左动；

5－6面向1点方向，右脚向旁一步（en face），左脚收到后半脚尖点地，侧身（épaulement），男生收成自然位，面向8点方向（看1点方向）；

7－8屈膝行礼（男生低头行礼）。

（3）－（4）从左脚开始，向8点方向重复以上动作。

二　中国古典舞——身韵手位组合片段（四）

（1）1－4 双膀手，眼睛随着手的方向走；

5 双膀手不动亮相，眼睛看 1 点；

6－8 保持双膀手不动。

（2）1－4 双膀按掌，左手在胸前按掌，右手在山膀，眼睛随着手的方向走；

5 双膀按掌不动亮相，眼睛看 1 点；

6－8 保持双膀按掌不动。

前 8 个 8 拍动作再重复一遍。

★技能训练

训练计划（时间：90 分钟）

序　号	训练内容	动作名称	训练要求	训练时间	建议音乐	备　注
1	力量训练	卷腹训练 桥式拉伸	集体训练	10 分钟	无	复习
2	芭蕾	半脚尖行进步	集体训练	20 分钟	4/4 拍音乐	
3	基本形态	走姿	分组训练	20 分钟	2/4 拍音乐	复习
4	中国古典舞	身韵手位组合	分组训练	20 分钟	2/4 拍 中速，平稳的	
5	傣族舞	傣族动律训练组合片段	分组训练	20 分钟	2/4 拍 中速，平稳的	复习

一　力量训练

复习动作：卷腹训练、桥式拉伸。

二　芭蕾形体——半脚尖行进步

（一）动作要求

两腿并拢，正步站，重心在脚掌上，脚后跟向上推起，速度均匀，两拍立起，立起后有停顿，重心还在脚掌上，4 点正，后背收紧。

（二）注意事项

起：连贯地立到半脚尖上；

落：对抗的力量；

小碎步：膝盖是松弛的、平稳的，正前方的基础上身体稍侧，头转。

（三）训练计划

建议使用 4/4 拍音乐。

1. 单一练习半脚尖，放慢节奏反复练习，1 个 8 拍 1 次立。
2. 练习扶把的小碎步，注意平稳。
3. 练习转身转头的方向。

三　基本形态训练

复习动作：走姿。

四　中国古典舞——身韵手位组合片段（四）

（一）动作要求

保持正确的体态，注意组合中体态、动作、节奏的准确性。

（二）注意事项

保持正确的体态，注意组合中动作、节奏的准确性。

（三）训练计划

1. 建议音乐：2/4 拍，中速，平稳的。
2. 分组建议：分组练习，每组 5 个同学，共练习 3 组。
3. 训练要求：

（1）注意动作之间的连接性；

（2）教师检查每位同学的体态、动作、节奏是否准确。

五　傣族舞

复习动作：傣族舞动律组合片段（一）（二）。

★学习评价

学生形体礼仪训练评价表

班级：　　　　　　　　　　姓名：　　　　　　　　　　学号：

标　准	优	良	中	差	教师综合评价
考勤管理					
课堂纪律					
理论知识学习					
训练表现					
训练任务掌握程度					
课后训练					

注：教师可参照附表的评分标准为学生评定成绩，并在相应的成绩栏打“√”。

任务九　韵律性训练（二）

★学习内容

一　芭蕾形体——地面练习

勾、绷脚的练习。

准备：4 拍，面向 2 点方向坐在地面上，两腿伸直并拢，绷脚背，手向旁伸出，指尖轻触地面，头向旁（看 1 点方向）。

（1）1 右脚勾脚趾；

2 右脚全勾；

3 右脚绷脚背（脚趾仍勾）；

4 右脚全绷；

5－8 左脚重复以上动作。

（2）1－8 右、左再重复一次。

（3）1－4 两脚同时做以上动作；

5－8 重复一次。

（4）1 两脚全勾；

2 停；

3 两脚全绷；

4 停；

5－8 重复一次。

二 中国民族民间舞——傣族舞动律组合片段（三）

（1）1－8 脆动律上双脚交替后踢步向前行进，双手在前一位手。

（2）1－8 脆动律上双脚交替后踢步向后退，双手在前一位手。

（3）1－4 脆动律双脚交替后踢步向 3 点方向行进，双手在前一位手；

5－8 脆动律双脚交替后踢步向 5 点方向行进，双手在前一位手。

（4）1－4 脆动律双脚交替后踢步向 7 点方向行进，双手在前一位手；

5－8 脆动律双脚交替后踢步向 1 点方向行进，双手在前一位手。

以上（1）－（4）个8拍动作重复一遍。

★技能训练

训练计划（时间：80分钟）

序　号	训练内容	动作名称	训练要求	训练时间	建议音乐	备　注
1	力量训练	空中踢腿	集体训练	10分钟	无	复习
		猫式拉伸				
2	芭蕾	勾、绷脚	集体训练	20分钟	2/4拍音乐	
3	基本形态	坐姿	分组训练	20分钟		复习
4	中国古典舞	身韵手位组合	分组训练	15分钟	2/4拍 中速，平稳的	复习
5	傣族舞	傣族动律训练组合片段	分组训练	15分钟	2/4拍 中速，平稳的	

一　力量训练

复习动作：空中踢腿、猫式拉伸。

二　芭蕾形体——勾、绷脚的练习

（一）动作要求

单脚做，不做的那条腿继续向远伸，贴住地板，节奏快一倍。

（二）注意事项

绷脚时脚弯，脚背用力向远推，先推再绷，脚趾头向远向下。

（三）训练计划

建议使用2/4 拍音乐。

1. 先练习绷脚背的分解、绷脚趾的分解。
2. 勾脚趾尖的分解，膝盖伸直。
3. 直接勾、直接绷。

三　基本形体训练

复习动作：坐姿训练。

四　中国古典舞——身韵手位组合

将中国古典舞身韵手位组合片段（一）（二）（三）（四）连接在一起形成完整的身韵手位组合。

五　傣族舞动律组合片段（三）

（一）动作要求

注意每个手位、脚位之间的动作转换。

（二）注意事项

保持正确的体态，注意组合中动作、节奏的准确性。

（三）训练计划

1. 建议音乐：2/4 拍，中速，平稳的。

2. 分组建议：分组练习，每组 5 个同学，共练习 3 组。

3. 训练要求：

（1）每个动作 4 个 8 拍，共 12 个 8 拍；

（2）动作要到位，教师检查每位同学的动作是否准确。

★学习评价

学生形体礼仪训练评价表

班级：　　　　　　　　　　　　姓名：　　　　　　　　　　　　学号：

标　准	优	良	中	差	教师综合评价
考勤管理					
课堂纪律					
理论知识学习					
训练表现					
训练任务掌握程度					
课后训练					

注：教师可参照附表的评分标准为学生评定成绩，并在相应的成绩栏打“√”。

任务十　韵律性训练（三）

★学习内容

芭蕾形体——腿的外开练习

准备：4拍，转向面向6点方向，仰卧地面，两腿转开，伸直并拢，绷脚背，旁伸出，手背向上。

（1）1 右脚向上（前）抬45°；

2 右腿向里转或脚背向上；

3 右脚再转开；

4 落下；

5－8 左脚重复以上动作。

（2）1－8 右、左脚再各重复一次。

（3）1－2 右腿向上（前）抬45°；

3－4 右腿划到旁45°；

5－6 右腿收回原位；

7－8 停。

（4）1－8 左脚重复以上动作。

（5）1－2 右腿向旁抬45°；

3－4 右腿划到前45°；

5－6 落下，原位；

7－8 停。

（6）1－8 左腿重复以上动作。

★技能训练

训练计划（时间：85分钟）

序　号	训练内容	动作名称	训练要求	训练时间	建议音乐	备　注
1	力量训练	平板支撑	集体训练	10分钟		复习
		跪式吸腿				
2	芭蕾	腿的外开	集体训练	20分钟	3/4拍音乐	
3	基本形态	女生端坐式坐姿	分组训练	20分钟		复习
4	中国古典舞	正步	分组训练	20分钟	2/4拍 中速，平稳的	复习
		丁字步				
		小八字步				
		大八字步				
		踏步				
		大掖步				
5	傣族舞	傣族舞动律组合	分组训练	15分钟	2/4拍 中速，平稳的	复习

一　力量训练

复习动作：平板支撑、跪式吸腿。

二　芭蕾形体——腿的外开练习

（一）动作要求

抬腿到45°，腿转开的同时脚后跟带动，从前到旁，力量伸到脚趾尖，用脚趾尖带动，力量向远伸，划到旁边，腿轻轻地放在地板上。收回时用脚后跟带着力量往远延伸，主力腿永远保持转开，往上划，往前推。

（二）训练计划

建议使用3/4拍音乐，分组进行单一练习。

三　基本形态训练

复习动作：女生端坐式坐姿训练。

四　中国古典舞基本脚位

复习动作：正步、丁字步、小八字步、大八字步、踏步、大掖步。

五　傣族舞动律组合

复习动作：将傣族舞动律组合片段（一）（二）（三）连接在一起，形成完整的傣族动律组合。

★学习评价

学生形体礼仪训练评价表

班级：　　　　　　　　姓名：　　　　　　　　学号：

标　准	优	良	中	差	教师综合评价
考勤管理					
课堂纪律					
理论知识学习					
训练表现					
训练任务掌握程度					
课后训练					

注：教师可参照附表的评分标准为学生评定成绩，并在相应的成绩栏打“√”。

任务十一　协调性训练（一）

★学习内容

芭蕾形体——踢腿

准备：4 拍，仰卧地面，两腿转开，伸直并拢，绷脚背，手在地面上向旁伸出，手背向上。

（1）1 右脚向上（前）踢 90°；

2 落回原位；

3－4 左腿重复以上动作；

5－8 右、左腿各重复一次。

（2）1－4 右、左腿各重复一次；

5－8 身体和腿伸直着地，向右滚成俯卧地面，肩、胸和头向上抬起，两手弯曲，下臂并拢放在胸前地面上，手背向上。

（3）1－8 右、左腿向后踢，同前。

（4）1－4 右、左腿向后踢，同前；

5－8 双手向前伸直，手背向上，头和肩落下，稍离地面。

（5）1 手、头、肩、胸和两腿离地向上抬起；

2 落下，回原位；

3－8 再重复两次，第二次不落下，停两拍，最后一拍落下，回原位。

（6）1 – 6 再重复三次，最后不落下，停住；

7 – 8 两手向后（略高于七位）allongé，腿略弯，脚腕交叉，（右脚在上，左脚在下），头转向旁（看 1 点方向）。

★技能训练

训练计划（时间：95 分钟）

序　号	训练内容	动作名称	训练要求	训练时间	建议音乐	备　注
1	力量训练	卷腹训练 空中踢腿 猫式拉伸	集中训练	10 分钟	无	复习
2	芭蕾	踢腿	集体训练	10 分钟	4/4 拍音乐	
3	基本形态	女生端坐式坐姿	分组训练	20 分钟		复习
4	中国古典舞	正步 丁字步 小八字步 大八字步 踏步 大掖步 身韵手位组合	分组训练	20 分钟	2/4 拍 中速，平稳的	复习
5	傣族舞	正位步 八字步 丁字步 后踢步	分组训练	15 分钟	2/4 拍 中速，平稳的	复习

一　力量训练

复习动作：卷腹训练、空中踢腿、猫式拉伸。

二　芭蕾形体——踢腿

（一）动作要求

快上慢下，爆发力加强，速度加快。

（二）注意事项

整条腿转开，大脚趾头往上推，落地时继续爆出外开，收紧腰背，膝盖外开。

（三）训练计划

建议使用4/4拍音乐进行练习。

三　基本形态训练

复习动作：女士优雅坐姿训练。

四　中国古典舞基本脚位

复习动作：正步、丁字步、小八字步、大八字步、踏步、大掖步。

五　傣族舞基本步伐和动律组合

复习动作：正步位、八字步、丁字步、后踢步、傣族舞动律组合（一）至（三）。

★学习评价

学生形体礼仪训练评价表

班级：　　　　　　　　　姓名：　　　　　　　　　学号：

标　准	优	良	中	差	教师综合评价
考勤管理					
课堂纪律					
理论知识学习					
训练表现					
训练任务掌握程度					
课后训练					

注：教师可参照附表的评分标准为学生评定成绩，并在相应的成绩栏打“√”。

任务十二　协调性训练（二）

★学习内容

芭蕾形体——跑跳步和追步（CHASSE）

准备：4 拍，站在 6 点方向，面向 4 点方向，脚自然位，手叉腰，最后二拍右脚向前伸出，脚尖点地，头向左（看 1 点方向）。

（1）从右脚开始向 4 点方向做 6 个跑跳步，头向左（看 1 点方向）。

7ta8 跺三下脚，左、右、左。

（2）1－6 转身向 8 点方向，从左脚开始做 6 个 chassé（effacé 前的），头向右（看 1 点方向）。

7ta8 跺三下脚，左、右、左。

（3）－（4）第二组重复（1）－（2）的动作。

（5）－（6）第二组重复（1）－（2）的动作。

（7）－（8）第二组重复（1）－（2）的动作。

★技能训练

训练计划（时间：100分钟）

序　号	训练内容	动作名称	训练要求	训练时间	建议音乐	备　注
1	力量训练	箭步蹲	集中训练	10分钟	无	复习
		坐式压腿				
2	芭蕾	跑跳步和追步	集体训练	20分钟	4/4拍音乐	
3	基本形态	男士标准坐姿	分组训练	20分钟	无	复习
4	中国古典舞	手形	分组训练	20分钟	2/4拍 中速，平稳的	复习
		手位				
5	傣族舞	起伏动律	分组训练	30分钟	2/4拍 中速，平稳的	复习
		脆动律				
		颤动律				

一　力量训练

复习动作：箭步蹲、坐式压腿。

二　芭蕾形体——跑跳步和追步（CHASSE）

（一）动作要求

双腿空中五位跳起，落地的同时蹲，经过四位蹲，快速重心移前腿，前腿有力推地跳起，五位脚形态保持外开，落地蹲的时候经过四位。

（二）注意事项

以上组合须分4组连续接着做，每组1~2人。

（三）训练计划

建议使用4/4拍音乐，分组按以上步骤进行练习。

三　基本形态训练

复习动作：男士标准坐姿训练。

四　中国古典舞手形及位置

复习动作：男掌形、兰花指、拳形、小五花、单山膀、按掌、托掌、双手膀、顺风旗、山膀按掌。

五　傣族舞动律训练

复习动作：起伏动律、脆动律、颤动律、傣族动律训练组合片段（一）至（三）。

★学习评价

学生形体礼仪训练评价表

班级：　　　　　　　　　　　姓名：　　　　　　　　　　　学号：

标　准	优	良	中	差	教师综合评价
考勤管理					
课堂纪律					
理论知识学习					
训练表现					
训练任务掌握程度					
课后训练					

注：教师可参照附表的评分标准为学生评定成绩，并在相应的成绩栏打“√”。

任务十三　协调性训练（三）

★学习内容

芭蕾形体——扶把练习之脚的练习

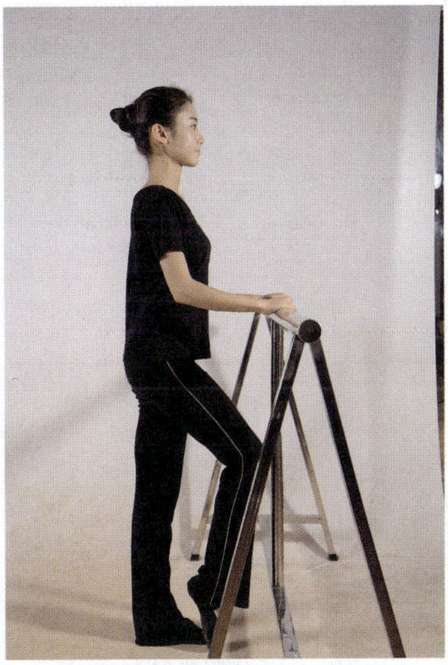

准备：4 拍，两手一位，前两拍双手扶把，两脚正步。

（1）1 右脚跟推起离地，成半脚尖，屈膝；

2 右脚掌继续推起离地，绷脚尖点地；

3 右脚掌落下，成半脚尖；

4 右脚跟落下，成全脚，直膝；

5－8 重复一次。

（2）1－8 左脚重复以上动作。

（3）1－2 两脚立起成半脚尖；

3－4 右脚跟落下，左脚成半脚尖，屈膝；

5－6 右脚跟推起离地，两脚半脚尖；

7－8 左脚重复 3－6 动作。

（4）1－2 左脚重复 3－6 动作；

3－6 右脚再左脚重复 3－6 动作；

7－8 停，双手放至一位。

★技能训练

训练计划（训练时间：75 分钟）

序　号	训练内容	动作名称	训练要求	训练时间	建议音乐	备　注
1	力量训练	静止式深蹲	集中训练	10 分钟	无	复习
		三角式拉伸				
2	芭蕾	扶把练习脚	集体训练	15 分钟	4/4 拍音乐	
3	基本形态	蹲姿	集体训练	15 分钟	无	复习
4	中国古典舞	提沉冲靠横移组合	分组训练	20 分钟	2/4 拍中速，平稳的	复习
5	傣族舞	手形	分组训练	15 分钟	2/4 拍中速，平稳的	复习

一　力量训练

复习动作：静止式深蹲、三角式拉伸。

二　芭蕾扶把练习——脚的练习

（一）动作要求

双脚立，重心在脚掌，右脚脚后跟找左脚脚后跟。

（二）训练计划

建议使用 4/4 拍音乐，分组按以上步骤进行练习。

三　基本形态训练

复习动作：蹲姿训练。

四　中国古典舞——气息训练

复习动作：提、沉、冲、靠、横移组合

五　傣族舞基本手形

复习动作：掌式、领腕、孔雀手、眼式手、嘴式手、屈掌手、爪式手。

★学习评价

学生形体礼仪训练评价表

班级：　　　　　　　　姓名：　　　　　　　　学号：

标　准	优	良	中	差	教师综合评价
考勤管理					
课堂纪律					
理论 知识学习					
训练表现					
训练任务 掌握程度					
课后训练					

注：教师可参照附表的评分标准为学生评定成绩，并在相应的成绩栏打“√”。

任务十四　协调性训练（四）

★学习内容

芭蕾形体——蹲（PLIE）

准备：4 拍（同前），双手扶把，两脚三位（右脚在前）。

（1）1－2 三位的 demi plié 下去；

3－4 推地直起；

5－8 重复 1－2。

（2）1－4 重复 1－2；

5－6 右脚向旁做 battement tendu；

7－8 右脚落下脚跟，成二位。

（3）1－4 二位的大蹲（grand ）下去；

5－8 直起。

（4）1－2 右脚向旁做 battement tendu；

3－4 右脚收回成后三位；

5－8 停。

（5）1－8 三位的 demi plié 。

（6）1－4 三位的 demi plié ；

5－8 左脚向旁做 battement tendu，收回一位。

（7）1－8 一位的 grand plié 一次。

（8）1－4 左脚向旁做 battement tendu，收回后三位；

5－8 停，双手放至一位。

★技能训练

训练计划（时间：80 分钟）

序号	训练内容	动作名称	训练要求	训练时间	建议音乐	备注
1	力量训练	深蹲跳	集体训练	10 分钟	无	复习
		半莲花式拉伸				
2	芭蕾	蹲	集体训练	20 分钟	4/4 拍音乐	
3	基本形态	蹲姿	集体训练	15 分钟	4/4 拍音乐	复习
4	中国古典舞	手形	分组训练	20 分钟	2/4 拍 中速，平稳的	复习
		手位				
		脚位				
		身韵手位组合				
5	傣族舞	手形	分组训练	15 分钟	2/4 拍 中速，平稳的	复习

一　力量训练

复习动作：深蹲跳、半莲花式拉伸。

二　芭蕾形体——蹲（PLIE）

（一）动作要求

如三位蹲，脚立重心在两条腿上，不偏、靠紧、四点正，蹲的时候重心不偏，踝骨贴住蹲，二位大蹲不能起脚跟。

（二）训练计划

建议使用4/4 拍音乐，分组按步骤进行练习。

三　基本形体训练

复习动作：蹲姿训练。

四　中国古典舞基本手形、手位、脚位与身韵手位组合

复习动作：男掌形、兰花指、拳形、小五花、单山膀、按掌、托掌、双手膀、顺风旗、山膀按掌、正步、丁字步、小八字步、大八字步、踏步、大掖步、身韵手位组合。

五　傣族舞基本手位

复习动作：前一位手、旁一位手、后一位手、侧一位手、二位手、里二位手、三位手、大三位手、四位手、五位手 、六位手、七位手、小七位手、一二手位、一三手位、一七手位。

★学习评价

学生形体礼仪训练评价表

班级：　　　　　　　　　　姓名：　　　　　　　　　　学号：

标　准	优	良	中	差	教师综合评价
考勤管理					
课堂纪律					
理论知识学习					
训练表现					
训练任务掌握程度					
课后训练					

注：教师可参照附表的评分标准为学生评定成绩，并在相应的成绩栏打“√”。

任务十五　协调性训练（五）

★学习内容

一　芭蕾形体——BATTEMENT（擦地）TENDU

准备：4 拍，左手扶把，右手一位，两脚站一位，头右向。

（1）1－2 右脚向前做 battement tendu，头向旁；

3－4 收回一位，手、头不动；

5－8 重复（1）1－4。

（2）1－4 重复（1）1－4；

5－6 右手从一位到二位，眼睛和头随着手动；

7－8 右手打开到七位，眼睛和头随着手动。

（3）1－8 向旁做 battement tendu3 次，每次收回一位，头向前。

（4）1－4 向旁做 battement tendu3 次，每次收回一位，头向前；

5－8 停，手从七位落回到一位，眼睛随手动。

再做另一边扶把。

二 芭蕾形体——PORT DE BRAS

准备：4 拍，脚站三位右脚在前（épaulement），手一位。

（1）1 手抬到二位，眼睛，头随着手动；

2 停；

3－4 打开到七位，眼睛、头随手动；

5 停；

6 两手变成七位 allongé；

7 落下回一位；

8 停。

（2）1－8 重复（1）1－8 一次。

再从另一边开始做。

★技能训练

训练计划（时间：95 分钟）

序号	训练内容	动作名称	训练要求	训练时间	建议音乐	备注
1	力量训练	负重屈腿	集中训练	10 分钟	无	复习
		坐式拉伸				
2	芭蕾	BATTEMENT TENDU	分组训练	15 分钟	4/4 拍音乐	
		PORT DE BRAS	分钟训练	15 分钟	3/4 拍音乐	
3	基本形态	手势礼仪	集体训练	15 分钟	无	复习
4	中国古典舞	提沉冲靠横移组合	分组训练	20 分钟	2/4 拍 中速，平稳的	复习
		身韵手位组合				
5	傣族舞	手位组合	分组训练	20 分钟	2/4 拍 中速，平稳的	复习

一 力量训练

复习动作：负重屈腿、坐式拉伸。

二 芭蕾形体

（一）动作名称：BATTEMENT（擦地）TENDU

1. 动作要求：脚趾尖带着向后伸。

2. 训练计划：建议使用4/4拍音乐，分组按步骤进行练习。

（二）动作名称：PORT DE BRAS

1. 动作要求：手动的同时头跟着动，但肩膀不要动。

2. 训练计划：建议使用3/4拍音乐，分组按步骤进行练习。

三 基本形态训练

复习动作：手势礼仪训练。

四 中国古典舞——气息训练

复习动作：提、沉、冲、靠、横移组合、身韵手位组合。

五 傣族舞

复习动作：傣族舞动律组合。

★学习评价

学生形体礼仪训练评价表

班级：　　　　　　　　　　　姓名：　　　　　　　　　　　学号：

标　准	优	良	中	差	教师综合评价
考勤管理					
课堂纪律					
理论知识学习					
训练表现					
训练任务掌握程度					
课后训练					

注：教师可参照附表的评分标准为学生评定成绩，并在相应的成绩栏打“√”。

芭蕾术语注释

Attitude（阿蒂迪德）：是芭蕾的一种舞姿姿态。

Adagio（阿达若）：指慢板，缓慢和安详的芭蕾动作。在课堂训练中专指控制部分的练习。

A terre（阿泰尔）：脚在地面上所做的动作。原义为在地面上。

Allonge（阿隆热）：指芭蕾动作中具有延续、延长和伸展性质的动作。

Balance（巴朗赛）：向左右、前后摇摆性质的动作。原义为摇摆。

Battement（巴特芒）：动力腿向前、旁、后所做的向外和收回的一切动作的总称。原义为拍打。

Ballotte（巴洛泰）：动摇的、摇摆的，是基本的跳跃动作。

Battu（巴蒂）：某个跳跃动作脚部带击打。原义为击打。

Coupe（库佩）：一只脚在另一只脚前或后所做的切割动作。原义为切割。

Chasse（夏赛）：追赶步，是基本的连接动作之一。

Demi（德米）：指某个动作的一半。原义为半个。例如：Demi plie。

En face（昂法斯）：舞者面向观众站立。原义为向正前方。

Epaulement（埃波尔芒）：侧身，肩的位置。

Fondu（丰迪）：熔化的、溶解的。

Galop（加洛普）：一种舞步。

Grand（格朗）：大的。

Plie（普利埃）：蹲、屈膝。

Polka（波尔卡）：一种舞步。

Port de bras（波·德·勃拉）：手臂的练习。

Releve（勒拉韦）：升起、立起、踮起。

Saute（索泰）：小的跳跃动作。原义为小的跳跃。

Temps（当）：时间；舞步。

Tendu（当迪）：绷直的。

Valse（华尔兹）：一种舞步。

参考文献

［1］张美江．形体美训练［M］．上海：上海书店出版社，1998.

［2］刘春波．人体解剖生理学［M］．北京：人民卫生出版社，2010.

［3］马少莲．形体美与形体美的塑造［M］．济南：山东大学出版社，2002.

［4］唐树伶．服务礼仪［M］．北京：北京交通大学出版社，2006.

［5］金正昆．行业服务礼仪［M］．北京：北京大学出版社，2009.

［6］赵晓玲，彭波．形体训练（第 3 版）［M］．北京：科学出版社，2012.

［7］黄鹏．运动体能实训指导［M］．北京：化学工业出版社，2015.

［8］胡伟，张玉萍，武巍峰．高校芭蕾形体美育教程［M］．上海：上海音乐出版社，2014.

［9］盛美兰．民航服务礼仪（第二版）［M］．北京：中国民航出版社，2013.

［10］尹菲，尹璐．形体礼仪实用教程［M］．北京：航空工业出版社，2014.

［11］魏全斌，朱毅盛，刘忠．航空服务人员形体训练［M］．成都：四川教育出版社，2010.

［12］曲皓：北京舞蹈学院芭蕾舞分级考试教程．